NAPOLEÓN
RETRATO DE UN TIRANO

GERMAINE DE STAËL

NAPOLEÓN
RETRATO DE UN TIRANO

Selección, traducción, prólogo y notas
de Miguel Ángel Frontán y Carlos Cámara

Ediciones
De La Mirándola
gálica máxima
cherchez la femme

Título original: Considérations sur la Révolution française (selección de textos).
Primera edición digital, abril de 2015.
Primera edición en papel, noviembre de 2018.

© de la traducción, notas, prólogo y cronología: Miguel Ángel Frontán y Carlos Cámara.

© de esta edición: Ediciones De La Mirándola.

Publicado por:

EDICIONES DE LA MIRÁNDOLA
Ciudad Autónoma de Buenos Aires
República Argentina

e-mail: edicionesdelamirandola@gmail.com
Sitio web: delamirandola.wordpress.com

ISBN: 9781790177592

ÍNDICE

Prólogo   7

Nota editorial   17

Napoleón. Retrato de un tirano

    I. Bonaparte emperador. La contrarrevolución
       llevada a cabo por él   21

    II. Acerca de la conducta de Napoleón para con
       el continente europeo   34

    III. De los medios que empleó Bonaparte para
       atacar a Inglaterra   40

    IV. Acerca del espíritu del ejército francés   45

    V. Acerca de la legislación y la administración
       bajo Bonaparte   54

    VI. Acerca de la literatura bajo Bonaparte   62

    VII. Una frase de Bonaparte, publicada en Le
       Moniteur   68

    VIII. Acerca de la doctrina política de Bona-
       parte   70

    IX. Embriaguez del poder; derrota y abdica-
       ción de Bonaparte   78

Apéndices

    El primer encuentro con Bonaparte   101

    Causas de la animosidad de Bonaparte contra
       mí   104

    Madame de Staël vista por Napoleón en el
       Memorial de Santa Elena   107

Orientación bibliográfica   115

Cronología   117

PRÓLOGO

La baronesa Germaine de Staël-Holstein, a quien la historia de la literatura ha consagrado con el nombre de Madame de Staël, se nos presenta como una figura señera, casi mítica, perteneciente a dos mundos tan aparentemente opuestos como lo son el Siglo de las Luces y el Romanticismo.

Nació en 1766, cuando el Antiguo Régimen parecía aún sólido, en el seno de una rica familia protestante suiza establecida en París. Su padre era el banquero ginebrino Jacques Necker, hombre de grandes ambiciones políticas que, años más tarde, jugaría un papel importante en la agonía del Antiguo Régimen. Su madre, Suzanne Curchod, hija de un pastor del cantón de Vaud, mujer aficionada a las letras, le dio una educación refinada y erudita, inculcándole los valores del calvinismo liberal y humanista que el matrimonio profesaba, así como su pasión por la literatura y el debate de ideas. En el salón literario de su madre, donde se la admitió a partir de los once años, Germaine Necker conoció a casi todas las glorias literarias de su tiempo y a los últimos sobrevivientes de la Ilustración. Allí aprendió ese arte tan particular de la conversación francesa: a un tiempo espontánea y erudita, ingeniosa y profunda, alejada tanto de la superficialidad como de la pedantería.

La vida llena de acontecimientos de Germaine de Staël —largos y repetidos viajes, cantidad de amantes, luchas políticas continuas, proscripciones y exilios— podría verse como una prefiguración del siglo XIX, uno de los más convulsos de la historia de Francia: siete regímenes políticos y tres invasiones extranjeras, al mismo tiempo que, con sus principales escuelas literarias —romanticismo, realismo y simbolismo—, es, para las letras francesas, uno de los más ricos de su historia.

La obra literaria y la influencia de la personalidad de Madame de Staël coinciden plenamente con el período de la Revolución y del Imperio. Tres fenómenos de gran importancia marcan la literatura de este período: la destrucción de la sociedad refinada de los salones literarios, el desarrollo del periodismo y el florecimiento de la elocuencia política. La consideración detallada de estos tres aspectos nos permitirá situar con más precisión la importancia de la obra y de la figura de Madame de Staël, tanto en relación con su época como en lo que respecta a su duelo apasionado con Napoleón Bonaparte.

Con el estallido de la Revolución Francesa se cerraron los salones literarios. La élite que los frecuentaba desapareció pronto de la escena parisina, diezmada por la emigración y el Terror. Dichos salones, presididos por mujeres que eran, a menudo, escritoras notables e imprescindibles *épistolières*, se habían transformado durante los dos siglos precedentes en una auténtica institución cuya importancia sólo puede ser comparada con la de la Academia Francesa, fundada a comienzos del Gran Siglo de Luis XIV y en el alba del clacisismo francés. El primero de ellos, el salón de la marquesa Catherine de Rambouillet, ejerció, desde 1608 y durante medio siglo, una inmensa influencia, y fue determinante en el surgimiento del preciosismo. Otros grandes nombres del siglo XVII son Marie Bruneau des Loges —conocida, en tiempos de Luis XIII, como la décima musa—, Madeleine de Scudéry —fecunda novelista—, la marquesa de Sablé —entrañable amiga de La Fontaine— y la célebre Ninon de Lenclos, que une el Siglo del Rey Sol con el de la *Enciclopedia*. En el Siglo de las Luces, los tres grandes salones fueron los presididos por Madame Geoffrin, Madame du Deffand

—cuyas mil cuatrocientas cartas le aseguran un lugar privilegiado en la literatura del siglo XVIII— y Julie de Lespinasse.

Los salones, la Corte y la Academia Francesa conforman en estos dos siglos el tan característico *monde* francés: esos círculos selectos que imponen a lo más granado de la sociedad, al arte, a la literatura, sus convenciones de pensamiento, sus elegancias lingüísticas, ese *goût* que ni siquiera necesita ser llamado *"buen" gusto*. El medio natural de los escritores era ese *mundo*, y una obra literaria, para tener éxito y perdurar, tenía que estarle destinada y adaptarse a sus imperativos. A partir de la Revolución, y con el hundimiento de la clase aristocrática, será poco común que los grandes escritores provengan de las altas esferas de la sociedad y que su obra refleje el espíritu de las mismas. La primera consecuencia del nuevo estado de cosas será que las reglas de la literatura pasen de la alta sociedad al fuero interno del escritor, cuya inspiración sólo dependerá de su temperamento y sus ideas personales. La segunda consecuencia, íntimamente unida con la llegada al poder de la burguesía, será la pérdida de influencia literaria de las mujeres. Con la Revolución nace un mundo en el que la gran literatura será hecha por hombres y para hombres. Un caso que puede servir para ilustrar este último aspecto de la cuestión es el destino literario de Claire de Duras, amiga de Madame de Staël y de Chateaubriand. Autora de dos obras maestras: *Ourika* —primer relato que se ocupa de la problemática racial— y *Édouard* —una de las mejores novelas psicólogicas del siglo XIX, inspiradora de escritores de la talla de Stendhal y de Dominique Fromentin—, caerá en un olvido casi absoluto hasta su redescubrimiento a fines del siglo XX.

Los salones volvieron a abrirse después de las masacres del terror revolucionario —el de Madame de Staël, ya en 1795—; más tarde, durante la Restauración, la fama del salón de Claire de Duras se extendió a toda Europa; la

Academia Francesa, suprimida por la Revolución, fue restaurada por el Directorio en 1795; pero, a pesar de esos brillantes fuegos fatuos, el *mundo* que había sostenido el gusto clásico había perecido para siempre. Ese *mundo* tenía como base una casta de privilegiados que podía prescindir de toda actividad profesional, hasta el punto de considerar que cualquier marca de especialización descalificaba al *honnête homme*, el ideal del *hombre culto* de la antigua sociedad. Los tiempos democráticos que se inauguraron en 1789 para extenderse a toda Europa, a pesar del interregno del Imperio y la Restauración, impusieron poco a poco la educación científica y los estudios técnicos y especializados por sobre la cultura de las letras, que había sido la cúspide del mundo cultural del Antiguo Régimen.

Aunque ya habían existido diarios importantes en el siglo XVIII, el imperio de la prensa nació con la Revolución. El periodismo se transformó, durante el siglo XIX, en el principal orientador y aun creador de la opinión pública. La búsqueda constante de la novedad, la incentivación febril del cambio, la importancia fundamental otorgada a la información exacta y precisa, empujaron más tarde la literatura hacia el realismo; pero pronto fue la prensa la que ocupó el lugar de la sociedad aristocrática del pasado en la dirección y promoción de las principales corrientes literarias. La *Décade philosophique*, periódico fundado en 1794 por el filósofo Pierre-Jean-Georges Cabanis, en pleno Terror, y que subsistió hasta 1807, puede ser considerado como el primer ejemplo del poder intelectual de la prensa. Fue el principal órgano de expresión de los llamados *ideólogos*, un grupo de filósofos encabezados por Antoine Desttut de Tracy, herederos del ideario anticristiano, cosmopolita y progresista de la Ilustración; este periódico también difundió el conocimiento de los grandes nombres de la época de las literaturas extranjeras, Gibbon, Meléndez Valdés, Goethe, Schiller, Wieland, preparando el camino para el triunfo del romanticismo, cuyas bases sentarían Chateaubriand con su *Génie du christianisme* y Madame de Staël con su *De l'Allemagne.*

El siglo XVIII vio morir, con Jean-Baptiste Massillon, al último representante de la elocuencia sacra, cuyo máximo exponente en la literatura francesa había sido, en tiempos de Luis XIV, el gran Bossuet; y asistió, con la Revolución, al nacimiento de la elocuencia política. Por lo general, el nivel literario de esa elocuencia fue bastante pobre; consistió, sobre todo, en una suma de tópicos provenientes de la antigüedad clásica, algo así como un desbordamiento en la escena pública de los ejercicios de cultura griega y latina de los colegiales del Antiguo Régimen. A la Revolución y al Imperio los sedujeron los ropajes, las poses y los oropeles retóricos inspirados en la Roma antigua; lo mejor de esto ha perdurado, no en la literatura, sino en la pintura neoclásica de Jacques-Louis David. El más destacado de los oradores revolucionarios, y casi el único que cuenta para la historia de la literatura, es el conde Honoré-Gabriel Riquetti de Mirabeau; pero más por las célebres cartas a su amante, Sophie de Monnier, que por sus ensayos y sus grandes discursos legislativos en la tribuna de los Estados Generales, la Asamblea Nacional y la Constituyente. Una mención especial merecen los tres ensayos políticos de Benjamin Constant, publicados entre 1796 y 1797, en el período más intenso de la intimidad a un tiempo amorosa e intelectual de su autor con Madame de Staël. Pero, como en el caso de Mirabeau, las obras políticas de Constant palidecen, hasta casi desaparecer, comparadas con la profundidad de introspección del *Cahier rouge* o de esa obra maestra de la novela psicológica que es *Adolphe.*

Si las mujeres hubieran podido votar y ser miembros de la Asamblea, el partido de los girondinos habría dado, quizás, un ejemplo de gran oratoria política en la figura de su inspiradora, la célebre Madame Roland, como podemos deducir de sus cartas escritas durante el período revolucionario y de las páginas apasionadas de sus *Mémoires*, que escribió en la cárcel antes de morir víctima del Terror.

Hay, sin embargo, una fecha que es la sentencia de muerte de la elocuencia política nacida con la Revolución: la del golpe de Estado de Napoleón Bonaparte, el 18 de brumario (9 de noviembre de 1799). Durante los quince años siguientes, Francia no escuchará más que una voz, imperiosa y elocuente, la de Napoleón mismo, ya sea como Primer Cónsul o como Emperador. Napoleón fue el último de los grandes oradores revolucionarios; su discurso, de un inigualable poder persuasivo sobre el pueblo y el ejército, fue despojándose gradualmente de toda la retórica antigua y escolar de la Revolución, como puede apreciarse en sus cartas (nunca íntimas), en sus numerosas proclamas (desde sus campañas en Italia hasta la derrota final de Waterloo) y, sobre todo, en ese monumento de la literatura francesa, el *Mémorial de Sainte-Hélène*, que recoge las largas conversaciones del emperador exiliado con su fiel amanuense, el conde Emmanuel de Las Cases.

No bastaría una simple vida humana para leer todo lo que se ha escrito sobre Napoleón, desde su época hasta hoy: una inmensa biblioteca de más de 70.000 volúmenes, según el historiador Jean Tulard. Si prescindimos del aspecto histórico-político y sólo pensamos en el reflejo de su persona en la literatura francesa, podríamos enumerar cuatro grandes nombres: Madame de Staël, René de Chateaubriand, Honoré de Balzac y Léon Bloy.

Para Madame de Staël, Napoleón fue, quizás, la mayor decepción de su vida: uno de los pocos hombres insensibles al particular encanto de esa mujer dotada de tal inteligencia que transfiguraba sus rasgos poco agraciados. Para ella fue el hombre, como se verá en las páginas que hoy publicamos, capaz de hacer de Francia una monarquía parlamentaria de acuerdo con el modelo inglés —eterna aspiración de Madame de Staël—, y que terminó eligiendo la vía de un despotismo estéril y condenado al fracaso.

La figura de Napoleón atraviesa toda la obra mayor de Chateaubriand, las monumentales *Mémoires d'outre-tombe*. La fascinación y el rechazo se mezclan constantemente en esas páginas. Para Chateaubriand, Napoleón es su *contemporáneo capital*, el modelo antitético con el que compara su actividad política, el espejo en el que contempla, casi obsesivamente, su propia imagen. Políticamente, lo juzga con gran severidad; pero la fascinación que la persona del emperador ejerce sobre el gran hombre de letras puede sentirse hasta en las páginas más críticas y acerbas.

En el fresco casi inhumano, por sus dimensiones, de la *Comédie humaine*, la figura de Napoleón y de sus ejércitos se transforman en epopeya. Balzac hace de Napoleón uno de los personajes inolvidables de dos novelas suyas: *La vendetta* y *Une ténébreuse affaire*. Si el mito literario de la figura del emperador nace en las páginas de Chateaubriand, es Balzac, con su genio narrativo, el que lo consolida definitivamente. Stendhal y Victor Hugo completarán el cuadro prodigioso comenzado por Balzac.

Pero es Léon Bloy quien más se aleja de la posición liberal y progresista desde la que con tanto brío Madame de Staël retrata a Bonaparte. En las páginas de *L'Âme de Napoléon*, uno de sus libros más originales, Bloy nos ofrece, con perfecta despreocupación de toda objetividad histórica, una fulgurante exégesis mística de la historia del emperador.

Los tres aspectos que hemos citado al comienzo para caracterizar la literatura que nace con la Revolución, el Consulado y el Imperio (la destrucción de la sociedad refinada de los salones literarios, el desarrollo del periodismo y el florecimiento de la elocuencia política), se reflejan de modo ejemplar en estas páginas escritas por Madame de Staël al final de su vida breve y apasionada.

Las sucesivas proscripciones sufridas, desde 1792

hasta 1802, marcaron el ocaso de los salones de la Ilustración, cuyo último representante, el de Madame de Staël, persistió en su intento de ejercer una influencia política. Los salones que ocuparán su lugar durante la Restauración, el de Madame Récamier y el de Claire de Duras, habrán dejado definitivamente atrás el Siglo de las Luces y le abrirán un camino real al romanticismo.

El desarrollo del periodismo y la elocuencia política fueron rasgos característicos del círculo íntimo de Madame de Staël. Ambos aspectos se unen en las páginas que la autora dedica a Napoleón. Escritas poco tiempo después de los Cien Días, están lejos de ser una obra de historia serena y reflexiva; son, más bien, un largo y poderoso artículo periodístico, una muestra acabada de las grandes dotes oratorias y políticas de la mujer que inspiró eficazmente durante quince años la oposición a Bonaparte. Son páginas llenas de vida, vibrantes de pasión e indignación generosa, páginas que, más allá de su tiempo y de las particulares circunstancias históricas que las hicieron nacer, pueden ser vistas como un alegato siempre actual contra todas las tiranías y todos los regímenes que terminan identificando la persona del soberano —que bien puede ser un presidente electo por sufragio universal— con el Estado mismo.

Cuando, en 1980, Marguerite Yourcenar fue la primera mujer elegida para ocupar un sillón en la Academia Francesa, la gran escritora rindió homenaje, en su discurso de recepción del 22 de enero de 1981, a quienes podrían o deberían haber sido sus antecesoras, reflexionando, con la agudeza y la elegancia que la caracterizaban, sobre la situación de las mujeres en los dos siglos precedentes:

"De todos modos, no olvidemos que es únicamente desde hace poco más o poco menos de un siglo que la cuestión de la presencia de mujeres en esta asamblea ha podido plantearse. Dicho con otras palabras, fue a mediados del siglo XIX cuando la literatura llegó a ser en

Francia, para algunas mujeres, al mismo tiempo una vocación y una profesión, y ese estado de cosas era todavía demasiado reciente para despertar la atención de una Compañía como la de ustedes. Madame de Staël no habría podido, sin duda, ser electa, debido a su ascendencia suiza y su matrimonio sueco: le bastaba con ser una de las mejores mentes de su siglo. George Sand habría producido escándalo por la turbulencia de su vida, por la generosidad misma de sus emociones que hacen de ella una mujer tan admirablemente mujer; la persona, aún más que la escritora, se adelantaba a su tiempo. La misma Colette pensaba que una mujer no va de visita a casa de hombres para pedirles que la elijan, y no puedo más que estar de acuerdo con ella, no habiéndolo hecho yo misma. Pero vayamos más atrás: a las mujeres del Antiguo Régimen, reinas de los salones y, ya antes, reinas de sus círculos íntimos, no se les había ocurrido atravesar este umbral; quizás les hubiera parecido que, de hacerlo, habría disminuido su soberanía femenina. Inspiraban a los escritores, a veces los dirigían, y, a menudo, lograban hacer entrar a uno de sus elegidos en esta Compañía, costumbre —me aseguran— que ha perdurado hasta nuestros días; poco les importaba ser ellas mismas candidatas. No se puede sostener que en esta sociedad francesa tan impregnada de influencias femeninas, la Academia haya sido particularmente misógina; simplemente se conformó a los usos que, de buena gana, colocaban a la mujer en un pedestal, pero no permitían aún ofrecerle oficialmente un sillón".

Miguel Ángel Frontán
Carlos Cámara

NOTA EDITORIAL

La presente edición de *Napoleón. Retrato de un tirano*, de Germaine de Staël, es una selección de los capítulos dedicados a la figura de Napoleón Bonaparte en las *Considérations sur les principaux événements de la Révolution française*, obra póstuma publicada en París en 1818.

NAPOLEÓN
RETRATO DE UN TIRANO

I

Bonaparte emperador. La contrarrevolución llevada a cabo por él.

Cuando, a fines del siglo pasado, Bonaparte se puso a la cabeza del pueblo francés, la nación entera deseaba un gobierno libre y constitucional. Los nobles, que desde hacía mucho tiempo estaban fuera de Francia, sólo aspiraban a volver en paz a sus hogares; el clero católico reclamaba la tolerancia; como los soldados republicanos habían borrado con sus proezas el brillo de las distinciones nobiliarias, la raza feudal de los antiguos conquistadores respetaba a los nuevos vencedores y la Revolución estaba consumada en los espíritus. Europa se resignaba a dejarle a Francia la barrera del Rin y de los Alpes, y lo único que quedaba por hacer era garantizar los bienes, reparando los males que su adquisición había acarreado[1].

---

[1] Referencia a los *bienes nacionales.* El 2 de noviembre de 1789, por decreto de la Asamblea Constituyente, se declararon bienes nacionales las propiedades del clero católico, con el objetivo de sanear las finanzas del Estado. En contrapartida, el Estado se comprometía a pagar un salario a los ministros del culto y ocuparse de mantener los hospitales y la ayuda a los pobres, tareas que eran hasta entonces competencia de la Iglesia. El 30 de marzo de 1792 fueron confiscadas las propiedades de los nobles exiliados desde 1789, y puestas en venta a partir del 27 de julio del mismo año. A raíz de estos decretos nacieron las famosas *bandes noires*, asociaciones de especuladores que compraban a vil precio abadías y castillos, muchas veces tan sólo para demolerlos y vender las piedras.

Pero Bonaparte concibió la idea de llevar a cabo la contrarrevolución en su propio provecho, sin conservar en el Estado, por así decir, nada nuevo fuera de sí mismo. Restableció el trono, el clero y la nobleza; una monarquía, como lo ha dicho Pitt[2], sin legitimidad y sin límites; un clero que era tan sólo el predicador del despotismo; una nobleza compuesta por las antiguas y las nuevas familias, pero que no ejercía magistratura alguna en el Estado y sólo servía de adorno al poder absoluto.

Bonaparte les abrió la puerta a los antiguos prejuicios, jactándose de ponerles coto con su poder supremo. Se ha dicho muchas veces que, si hubiera sido moderado, se habría mantenido. Pero, ¿qué se entiende por moderado? Si hubiera instituido, sincera y dignamente, la constitución inglesa en Francia, sin duda seguiría siendo emperador. Sus victorias lo convertían en príncipe; hicieron falta su amor por la etiqueta, su necesidad de lisonjas, los títulos, las condecoraciones y los chambelanes, para hacer que brotase en él el arribista. Pero, por muy insensato que fuera su sistema de conquista, ya que era lo bastante miserable como para no encontrar otra grandeza de alma que no fuera el despotismo, quizás le fuese imposible prescindir de las guerras continuas; ya que ¿qué cosa podría ser un déspota sin gloria militar, en un país como Francia? ¿Se podía oprimir a la nación en el interior, sin darle, al menos, el funesto resarcimiento de dominar, a su vez, en el exterior? El flagelo de la especie humana es el poder absoluto, y todos los gobiernos franceses que han seguido a la Asamblea Constituyente[3] han perecido por

---

[2] William Pitt, apodado el Joven (1759-1806). Primer ministro de Gran Bretaña entre 1781 y 1801, y desde 1804 hasta su muerte. Su gobierno estuvo marcado, en el plano internacional, por la Revolución Francesa, las guerras napoleónicas, el Consulado y los comienzos del Imperio.

[3] Los Estados Generales, convocados por Luis XVI el 5 de mayo de 1789 en Versalles, se dieron el nombre de Asamblea Legislativa el 17 de junio, fecha que marca el inicio del sistema par-

ceder a esa carnada, con uno u otro pretexto.

En el momento en que Bonaparte quiso hacerse nombrar emperador, creyó necesario infundir tranquilidad, por una parte, a los revolucionarios con respecto a la posibilidad del retorno de los Borbones; y, por otra parte, probarles a los monárquicos que, uniéndose a él, rompían definitivamente con la antigua dinastía. Para lograr este doble objetivo cometió el asesinato de un príncipe de sangre, el duque de Enghien[4]. Cruzó así el Rubicón del crimen y, a partir de ese día, su desgracia quedó escrita en el libro del destino.

Uno de los maquiavelistas de la corte de Bonaparte dijo, en esa ocasión, que *ese asesinato era algo mucho peor que un crimen: era un error*[5]. Yo siento, lo confieso,

---

lamentario en Francia. El 20 de junio, Luis XVI dio orden de cerrar la sala de deliberaciones, con la intención de disolver la Asamblea. El 27 de junio el Rey terminó cediendo, y la Asamblea, en su nueva reunión del 9 de julio, se proclamó Asamblea Constituyente, con el objetivo de reorganizar la administración del reino y redactar una constitución.

4 Louis-Antoine-Henri de Bourbon-Condé, décimo y último duque de Enghien (1772-1804), príncipe de sangre y último representante de la Casa de Condé. Había emigrado de Francia en 1789, pocos días después de la toma de la Bastilla. Napoleón, convencido de que el duque de Enghien urdía en su contra una conspiración junto con el general Dumouriez, refugiado por entonces en Inglaterra, lo hizo secuestrar en suelo alemán independiente de Francia (el duque se había refugiado en el principado de Baden), la noche del 15 de marzo de 1804. Trasladado a París, fue fusilado, tras un simulacro de juicio militar, en los fosos del castillo de Vincennes, el 21 de marzo del mismo año. Esta ejecución produjo una inmensa indignación en Europa y fue considerada como un mero asesinato político.

5 Se atribuye esta frase a Charles-Maurice de Talleyrand-Périgord (1754-1838). Obispo bajo el Antiguo Régimen, diplomático durante la Revolución, el Consulado, el Imperio, la Restauración y la Monarquía de Luis Felipe, es el prototipo del político que sobrevive a todos los cambios de régimen. En los

un profundo desprecio por todos esos políticos cuya habilidad consiste en mostrarse superiores a la virtud. Que por una vez se muestren superiores al egoísmo; ¡será algo menos común e incluso más hábil!

No obstante, quienes habían criticado el asesinato del duque de Enghien por considerarlo una mala especulación, también tuvieron razón incluso en este aspecto. Los revolucionarios y los monárquicos, a pesar de la terrible alianza de la sangre inocente, no se sintieron unidos irrevocablemente al destino de su jefe. Éste había hecho del interés la divinidad de sus seguidores, y los adeptos de su doctrina la pusieron en práctica contra él mismo, cuando lo golpeó la desgracia.

En la primavera de 1804, después de la muerte del duque de Enghien y del abominable proceso de Moreau y Pichegru[6], cuando todos los espíritus estaban embargados por un terror que en un instante podía mudarse en rebelión, Bonaparte mandó llamar a algunos senadores para hablarles sin ceremonias, y como si se tratase de una idea sobre la que todavía no había tomado una decisión, de la propuesta que se le hacía de proclamarse emperador. Pasó revista a las diferentes posibilidades que se podían adoptar para Francia: una república; el regreso de la antigua dinastía; por último, la creación de una nueva monarquía; como lo hubiera hecho un hombre que estuviera

---

comienzos de la Revolución fue amigo íntimo de Madame de Staël y una de las figuras más brillantes de su salón literario.

[6] Jean-Victor-Marie Moreau, célebre general de la Revolución Francesa (1763-1813), opositor al poder personal de Napoleón como Primer Cónsul, participó con el general Jean-Charles Pichegru (1761-1804) en la abortada conspiración del general *chouan* Georges Cadoudal (1761-1804) que se proponía asesinar a Bonaparte y nombrar al general Moreau como Primer Cónsul. Una vez la conspiración descubierta por la policía, Pichegru se suicidó en prisión, Cadoudal fue guillotinado y Moreau, indultado, se exilió, pasando al servicio de los ejércitos aliados en contra de Napoleón.

hablando de los asuntos de un tercero y los examinase con perfecta imparcialidad. Los que hablaban con él le llevaban la contraria con la más enérgica vehemencia, cada vez que les ofrecía argumentos en favor de otro poder que no fuera el suyo. Finalmente, Bonaparte se dejó convencer: *Pues bien —dijo—, ya que creen que mi nominación con el título de emperador es necesaria para la felicidad de Francia, tomen, al menos, recaudos contra mi tiranía; sí, se lo repito, contra mi tiranía. ¿Quién sabe si, en la situación en que voy a estar, no tendré la tentación de abusar del poder?*

Los senadores se fueron conmovidos por esta sinceridad encantadora, que tuvo como consecuencia la supresión del Tribunado, a pesar de lo inofensivo que éste era por entonces[7]; el establecimiento del poder único del Consejo de Estado, que servía de instrumento en manos de Bonaparte; el manejo de la policía, un cuerpo permanente de espías, y la inmediata creación de siete prisiones de Estado, en las que los detenidos no podían ser juzgados por ningún tribunal, ya que su suerte dependía únicamente de la simple decisión de los ministros.

Para hacer soportable semejante tiranía había que satisfacer la ambición de todos los que se comprometiesen a mantenerla. Las contribuciones de toda Europa apenas bastaban en lo que respecta al dinero. Por lo cual Bonaparte buscó otros tesoros en la vanidad.

El principal móvil de la Revolución Francesa fue el amor a la igualdad. La igualdad ante la ley forma parte de la justicia y, por consiguiente, de la libertad; pero el deseo de aniquilar todos los rangos superiores proviene de las

---

[7] El Tribunado fue una institución establecida por la Constitución del Año VIII (promulgada el 13 de diciembre de 1799); estaba compuesto por cien diputados, electos por cinco años, que analizaban los proyectos de ley y daban su parecer sin derecho a voto, el que era ejercido por el Cuerpo Legislativo, compuesto por trescientos miembros.

mezquindades del amor propio. Bonaparte conocía muy bien la influencia de este defecto en Francia; veamos cómo se valió de él. Los hombres que habían tomado parte en la Revolución no querían que existieran castas por encima de ellos. Bonaparte los conquistó prometiéndoles los títulos y rangos de los que habían despojado a los nobles. "¡Quieren la igualdad! —les dijo—. Voy a hacer algo aún mejor: voy a darles la desigualdad en favor de ustedes; los señores de La Trémoïlle, de Montmorency[8], etc, serán, legalmente, simples burgueses en el Estado, mientras que los títulos del Antiguo Régimen y los puestos en la corte serán posesión de los apellidos más vulgares, si eso le place al emperador". ¡Qué extraña idea! ¿Y no se hubiera creído que una nación tan apta para darse cuenta de los despropósitos se habría entregado a la risa inextinguible de los dioses de Homero, al ver a todos esos republicanos disfrazados de duques, de condes, de barones, y tratando de aprender las maneras de los grandes señores, tal como se ensaya un papel para una comedia? Se hacían, por cierto, muchas canciones sobre esos arribistas de todo tipo, reyes y lacayos; pero el esplendor de las victorias y la fuerza del despotismo hicieron que todo se aceptase, al menos durante algunos años. Aquellos republicanos, a los que se había visto desdeñar las recompensas dadas por los monarcas, ya no tenían bastante lugar en sus trajes para colocar en ellos las anchas condecoraciones alemanas, rusas, italianas con que los habían cargado. Una orden militar, la Corona de Hierro o la Legión de Honor[9], podía ser aceptada por gue-

---

[8] Se trata de dos de las más ilustres familias de la nobleza francesa. La familia ducal de La Trémoïlle surgió a principios del siglo XIV y se extinguió en el siglo XX. La familia de Montmorency fue una de las más antiguas de la nobleza de Francia; surgió en el siglo X y se extinguió a fines del siglo XIX.

[9] La Orden de la Corona de Hierro es una orden honorífica creada por Napoleón el 5 de junio de 1805 en Milán, después de su coronación como rey de Italia el 26 de mayo del mismo año.

rreros a quienes esas insignias les recordaban las heridas y las proezas; pero las cintas y las llaves de chambelán, pero toda esa gala cortesana, ¿eran algo adecuado para hombres que habían movido cielo y tierra con el fin de abolirlos? Una caricatura inglesa representa a Bonaparte recortando el gorro frigio para hacer con él un gran cordón de la Legión de Honor[10]. ¡Qué perfecta imagen de esa nobleza inventada por Bonaparte, y que sólo podía gloriarse del favor de su amo! Los militares franceses ya no se vieron a sí mismos más que como soldados de un hombre, después de haber sido los defensores de la nación. ¡Ah, cuánto más grandes eran entonces!

Bonaparte había leído la historia de manera confusa: poco acostumbrado al estudio, se daba cuenta mucho menos de lo que había aprendido en los libros que de lo que había recogido observando a los hombres. No por eso había dejado de conservar en la cabeza cierto respeto por Atila y Carlomagno, por las leyes feudales y por el despotismo de Oriente, que aplicaba sin ton ni son, sin equivocarse nunca, sin embargo, en cuanto a lo que servía instantáneamente a su poder; pero, por lo demás, citando, criticando, alabando y razonando según lo condujese el azar; hablaba así horas enteras, y tanto más cuanto que nadie lo interrumpía, como no fuese con los aplausos involuntarios que siempre se escapan en tales ocasiones. Algo digno de notar es que, en la conversación, varios oficiales bonapartistas han tomado de su jefe ese heroico galimatías, que realmente no significa nada cuando no se

---

Retomada por los emperadores de Austria, subsistió hasta 1918. La Legión de Honor fue instituida por Napoleón el 19 de mayo de 1802, para reemplazar a la Orden Real y Militar de San Luis, orden honorífica creada por Luis XIV en 1693 y suprimida durante la Revolución Francesa; sigue siendo, en nuestros días, la mayor condecoración que otorga Francia.

[10] El grado más alto de la Legión de Honor se llamó, sucesivamente, gran águila, gran cordón y gran cruz (desde 1816 hasta el presente).

está a la cabeza de ochocientos mil hombres.

Así fue como Bonaparte, para hacerse un imperio oriental y carolingio al mismo tiempo, concibió la idea de crear feudos en los países que había conquistado y ponerlos en manos de sus principales generales o sus principales administradores. Instituyó mayorazgos, decretó sustituciones, le hizo a uno el favor de ocultar su vida bajo el título desconocido de duque de Róvigo[11]; e, inversamente, al sacarles a Macdonald, a Bernadotte, a Masséna[12] los títulos que éstos habían ilustrado con tantas hazañas, adulteró, por así decir, los rasgos de la fama, y quedó, según quería, como único poseedor de la gloria militar de Francia.

No era bastante con haber envilecido al partido republicano, desnaturalizándolo por completo; Bonaparte quiso también sacarles a los monárquicos la dignidad que les

---

[11] El título de duque de Róvigo y del Imperio fue creado en 1808 por Napoleón para el general Anne-Jean-Marie-René Savary (1774-1833).

[12] Étienne-Jacques-Joseph-Alexandre Macdonald, primer duque de Tarento, uno de los dieciocho mariscales del Imperio (1765-1840). Contribuyó a la primera abdicación de Napoleón, el 6 de abril de 1814, y al retorno de los Borbones. Durante los Cien Días rehusó cualquier puesto en el gobierno y sirvió en el ejército como simple granadero. Jean-Baptiste Bernadotte (1763-1844) fue nombrado mariscal imperial en 1804 y príncipe de Pontecorvo en 1806. En 1810, los Estados Generales suecos reunidos en Örebro lo eligieron como sucesor del rey Carlos XIII de Suecia, quien lo adoptó como Príncipe Regente. A partir de 1813 participó en la alianza europea contra Napoleón. En 1818 fue coronado como Carlos XIV Juan de Suecia y Carlos III Juan de Noruega. Sus descendientes siguen ocupando en la actualidad el trono de Suecia. André Masséna (1758-1817), mariscal imperial en 1804 y duque de Rívoli en 1808. Después de la derrota en Fuentes de Oroño, en 1811, frente a las tropas inglesas de Wellington, Napoleón no volvió a confiarle un puesto de responsabilidad hasta después de la batalla de Leipzig, en octubre de 1813.

venía de su perseverancia y sus desdichas. Hizo que la mayor parte de los cargos de su casa fueran ocupados por nobles del Antiguo Régimen; halagaba así a la nueva estirpe, mezclándola con la antigua; y a él mismo, también, que aunaba la vanidad de un arribista con las facultades gigantescas de un conquistador, le gustaban las lisonjas de los cortesanos de antaño, porque éstos dominaban mejor ese arte que los hombres nuevos, incluso los más solícitos. Cada vez que un noble de la antigua corte hacía volver la etiqueta de los viejos tiempos, proponía una reverencia más, cierta manera de llamar a la puerta de alguna antecámara, una forma más ceremoniosa de presentar un comunicado, doblar una carta, terminarla con tal o cual fórmula, se lo acogía como si hubiera contribuido al progreso de la felicidad de la especie humana. El código de la etiqueta imperial es el documento más notable de la bajeza a la que se puede reducir a la especie humana. Los maquiavelistas dirán que es así como hay que engañar a los hombres; pero ¿es cierto que, en nuestros días, se engaña a los hombres? A Bonaparte se le obedecía, no dejemos de repetirlo, porque le daba a Francia la gloria militar.

Ya fuese esto bueno o malo, se trataba de un hecho claro y sin engaños. Pero todas las farsas chinas que hacía interpretar delante de su carro triunfal sólo les gustaban a sus servidores, a los que podría haber manejado de otras mil maneras, si eso le hubiera convenido. Bonaparte tomó a menudo su corte por su imperio; prefería que lo tratasen como un príncipe antes que como un héroe: quizás, en lo recóndito de su alma, sentía que tenía más derechos al primero de estos títulos que al segundo.

Los partidarios de los Estuardos, cuando se le ofreció la corona a Cromwell[13], se apoyaron en los principios de

---

13 Oliver Cromwell (1599-1658), militar y político inglés, Lord Protector del Commonwealth republicano de Inglaterra, Escocia e Irlanda desde 1653 hasta su muerte. A principios de 1658, el Parlamento le ofreció la corona de Inglaterra; Cromwell re-

los amigos de la libertad para oponerse a ese ofrecimiento, y sólo en la época de la Restauración[14] retomaron la doctrina del poder absoluto; pero al menos permanecieron fieles a la antigua dinastía. Una gran parte de la nobleza francesa se precipitó en las cortes de Bonaparte y de su familia. Cuando se le reprochó a un hombre del más rancio abolengo haberse hecho chambelán de una de las nuevas princesas, dijo: *Pero, ¿qué quieren ustedes?, a alguien hay que servir.* ¡Qué respuesta! ¿No está encerrada en ella la entera condena de los gobiernos basados en el espíritu cortesano?

La nobleza inglesa tuvo mucha más dignidad durante los disturbios civiles[15]; ya que no cometió dos errores enormes de los que difícilmente se puedan disculpar los nobles franceses: el primero, unirse a los extranjeros en contra de su propio país; el segundo, haber aceptado ocupar cargos en el palacio de un hombre que, de acuerdo con sus principios, no tenía derecho alguno al trono; ya que la elección del pueblo, suponiendo que Bonaparte pudiera jactarse de esto, no era para ellos un título legítimo. Ciertamente, no les está permitido ser intolerantes después de dar tales pruebas de condescendencia; y, según me parece, se ofende menos a la ilustre familia de los Borbones deseando límites constitucionales para la autoridad del trono, que aceptando cargos bajo un nuevo soberano manchado por el asesinato de un joven soldado de

---

chazó la posibilidad de coronarse rey, pero, unos meses más tarde, designó a su hijo Richard Cromwell como sucesor.

[14] El período de la historia inglesa comprendido entre 1660, año de la restauración de la monarquía, y 1688, año de la segunda Revolución Inglesa (conocida como la Revolución Gloriosa), que derrocó a Jacobo II y puso fin al reinado de la dinastía de los Estuardos.

[15] La Primera Revolución Inglesa (1641-1649), que terminó con la condena a muerte del rey Carlos I y el establecimiento del sistema republicano de Cromwell.

la antigua estirpe[16].

La nobleza francesa que sirvió a Bonaparte en los empleos palaciegos, ¿sostendrá que lo hizo forzada? Fueron muchas más las peticiones rechazadas que los cargos otorgados; y los que no quisieron someterse a los deseos de Bonaparte a este respecto no fueron obligados a formar parte de su corte. Adrien y Matthieu de Montmorency[17], cuyo apellido y carácter atraían las miradas, Elzéar de Sabran[18], el duque y la duquesa de Duras[19], y unos cuantos más, aunque no muchos, no quisieron ninguna de las funciones que ofrecía Bonaparte; y aunque hiciera falta coraje para resistir a ese torrente que en Francia todo lo arrastra en el sentido del poder, esas valientes personas mantuvieron la dignidad sin verse obligadas a renunciar a su patria. Por lo general, casi siempre es posible no hacer algo, y así es como debe ser, ya que nada puede servir de excusa para actuar contra los propios principios.

Con los cortesanos personales de la dinastía de Bonaparte no ocurre lo mismo, por cierto, que con los nobles franceses que combatieron en el ejército. Los soldados,

---

[16] Con la palabra *estirpe* se designa a las tres dinastías que han reinado en Francia: los Merovingios, los Carolingios y los Capetos. El duque de Enghien (ver nota nº 4) pertenecía a la familia de los Borbones, rama colateral de los Capetos, que ocuparon el trono de Francia desde la coronación de Enrique IV en 1594.

[17] Anne-Adrien-Pierre de Montmorency-Laval, duque de Laval (1768-1837), y su primo hermano Mathieu-Jean-Félicité, duque de Montmorency-Laval (1776-1826), éste último gran amigo de Madame de Staël, de Juliette Récamier y de Chateaubriand.

[18] Elzéar-Louis-Marie de Sabran (1774-1846), escritor y miembro del Grupo de Coppet. Bajo el Consulado se hizo amigo de Madame de Staël y la siguió a su exilio en Suiza.

[19] Amédée-Bretagne-Malo de Durfort, duque de Duras (1771-1838), y su esposa Claire-Louisa-Rose-Bonne, duquesa de Duras (1777-1828), la célebre autora de *Ourika* y *Édouard*.

sean quienes sean, pueden presentar mil excusas, y algo mejor que excusas, dependiendo de los motivos que los impulsaron y la conducta que mantuvieron. Ya que, a fin de cuentas, existió una Francia en todos los períodos de la Revolución; y, ciertamente, los primeros deberes de un ciudadano siempre son para con su patria.

Nunca hubo un hombre que supiera multiplicar los lazos de la dependencia mejor que Bonaparte. Conocía mejor que nadie los grandes y pequeños recursos del despotismo; se lo veía ocuparse concienzudamente del arreglo de las mujeres, para que sus esposos, arruinados por sus gastos, se viesen obligados a recurrir a él más a menudo. También quería impresionar la imaginación de los franceses con la pompa de su corte. El viejo soldado que fumaba delante de la puerta de Federico[20] bastaba para hacerlo respetar en toda Europa. Bonaparte, por cierto, tenía suficiente talento militar para obtener el mismo resultado por los mismos medios; pero no le bastaba con ser el amo, quería además ser el tirano; y, para oprimir a Europa y a Francia, había que recurrir a todos los medios que envilecen a la especie humana: ¡y así es como el desdichado logró perfectamente su objetivo!

La balanza de los motivos humanos para hacer el bien o el mal está, por lo común, en equilibro durante la vida, y es la conciencia la que decide. Pero cuando, bajo Bonaparte, mil millones de renta, y ochocientos mil hombres armados, pesaban en favor de las malas acciones, cuando la espada de Breno estaba del mismo lado que el oro[21]

---

[20] Federico II de Prusia (1712-1786), monarca tan ilustrado como guerrero, creador del mayor ejército europeo del siglo XVIII.

[21] Breno fue el jefe de la tribu gala de los senones, que, en el año 387 A. C., invadieron y saquearon Roma, con excepción de la colina capitolina, que resistió el ataque. Para liberar la ciudad, las tropas de Breno exigieron un rescate de 1.000 libras de oro; como los romanos protestaron al ver que los senones falseaban el peso de la balanza, Breno puso sobre ésta su

para hacer inclinar la balanza, ¡qué terrible seducción! Pese a todo, los cálculos de la ambición y de la codicia no habrían bastado para someter Francia a Bonaparte; hace falta algo grandioso para movilizar a las masas, y eso fue la gloria militar que embriagaba a la nación, mientras que las redes del despotismo las tendían algunos hombres cuya bajeza y corrupción no se podrían subrayar lo bastante. Éstos trataron de quimera los principios constitucionales, como habrían podido hacerlo los cortesanos de los antiguos gobiernos de Europa, en cuyas filas aspiraban a ubicarse. Pero el amo, como vamos a verlo, quería algo más que la corona de Francia, y no se limitó al despotismo burgués con el que sus agentes hubieran querido que se diera por satisfecho en su país, es decir, en el nuestro.

---

espada y profirió, por toda respuesta, la frase hoy proverbial: *¡Væ victis!* (¡Ay de los vencidos!).

II

Acerca de la conducta de Napoleón para con el continente europeo.

Dos planes de conducta muy diferentes se le presentaban a Bonaparte cuando se hizo coronar emperador de Francia[22]. Podía limitarse a la barrera del Rin y de los Alpes, que ya Europa no le discutía después de la batalla de Marengo[23], y hacer de Francia, así expandida, el imperio más poderoso del mundo. El ejemplo de la libertad constitucional en Francia habría actuado gradualmente, pero de manera segura, sobre el resto de Europa. Ya no se habría vuelto a oír que la libertad sólo puede convenirle a Inglaterra, porque es una isla; a Holanda, porque es una llanura; a Suiza, porque es un país montañoso; y se habría visto cómo una monarquía constitucional florecía a la sombra de la ley, que es, después de la religión de la que emana, lo más santo que hay en la tierra.

Muchos hombres de genio han agotado todos sus esfuerzos para hacer un poco de bien, para dejar alguna huella de sus instituciones a la posteridad. El destino, pródigo con Bonaparte, le entregó una nación dotada, entonces, de cuarenta millones de hombres, una nación lo

---

[22] El 2 de diciembre de 1804, el papa Pío VII consagró emperador a Napoleón en Notre-Dame de París.

[23] La batalla de Marengo, dirigida por Napoleón en persona, tuvo lugar en los alrededores de Génova, el 14 de junio de 1800. El triunfo francés permitió expulsar de Italia a los ejércitos del imperio austríaco.

bastante agraciada como para influir sobre el espíritu y los gustos europeos. Un jefe hábil, en los inicios de este siglo, habría podido hacer a Francia feliz y libre sin ningún esfuerzo, únicamente con algunas virtudes. Napoleón es todavía más culpable por el bien que no hizo que por los males de los que se lo acusa.

Si, por último, su febril actividad no se encontraba a sus anchas en la más bella de las monarquías; si era un destino demasiado miserable para un corso, subteniente en 1790, ser sólo emperador de Francia, por lo menos tenía que inflamar a Europa en nombre de algo que fuera ventajoso para ella. El restablecimiento de Polonia[24], la independencia de Italia[25], la liberación de Grecia[26], eran

---

[24] Las tres Particiones de Polonia (1772, 1793, 1795), llevadas a cabo por Rusia, Prusia y Austria, habían terminado con la existencia de la República de las Dos Naciones que, desde 1569, unían el reino de Polonia y el gran ducado de Lituania. En 1807 Napoleón creó el Ducado de Varsovia con territorios recuperados del dominio prusiano, tras el Tratado de Tilsit. El Ducado llegará a su fin con la ocupación de los ejércitos rusos, tras el desastre de la Campaña de Rusia, y Polonia sólo volverá a ser independiente en 1918, tras su independencia de Rusia.

[25] Las guerras napoleónicas de 1796 y 1797 en Italia terminaron creando dos repúblicas basadas en el modelo de la República Francesa: la Transpadania y la Cispadania, pronto unidas en la República Cisalpina (República Italiana en 1802), con capital en Milán, la que en 1805 se transformó en el Reino de Italia, que reunió a una buena parte de la Italia del norte. La península quedó, de tal modo, dividida en cuatro Estados —de hecho, todos vasallos de Francia: el reino de Italia, el reino de Cerdeña, los Estados Pontificios y el reino de las Dos Sicilias. Pese a la falta de independencia política, fue un primer paso hacia la unificación de Italia.

[26] El espíritu de revuelta contra el Imperio Otomano, que llevaría a la declaración de guerra de 1821 y, posteriormente, a la independencia griega en 1830, había comenzado a gestarse en el siglo XVIII, en el seno de las élites liberales, iluministas y francófilas. Entre las primeras y más ilustres víctimas se cuenta

cosas que tenían grandeza: los pueblos podían interesarse por el renacimiento de los pueblos. Pero, ¿había que inundar la tierra de sangre para que el príncipe Jerónimo[27] ocupase el lugar del elector de Hesse, y para que los alemanes estuviesen gobernados por administradores franceses, que tomaban a su cargo feudos cuyos títulos apenas sabían pronunciar, a pesar de que los llevasen, pero cuyas rentas cobraban muy fácilmente en todas las lenguas? ¿Por qué iba a someterse Alemania a la influencia francesa? Esa influencia no podía brindarle ningún nuevo esplendor, y no establecía en ella otras instituciones liberales que no fueran los impuestos y la conscripción, más pesadas que todas las que les habían impuesto sus antiguos amos. Había, sin duda, muchos cambios razonables que hacer en las constituciones de Alemania; todos los hombres ilustrados lo sabían, y se habían mostrado favorables, durante mucho tiempo, a la causa de Francia, porque esperaban que esto mejorase su suerte. Pero, sin hablar de la justa indignación que cualquier pueblo tiene que sentir al ver soldados extranjeros en su territorio, Bonaparte no hacía nada en Alemania que no tuviese el objetivo de establecer allí su poder y el de su familia: ¿una nación tal estaba hecha para servir de pedestal a su egoísmo? También España tenía que rechazar con horror los pérfidos medios que Bonaparte usó para someterla. ¿Qué era, pues, lo que les ofrecía a los imperios que quería subyugar? ¿Era la libertad? ¿Era la fuerza? ¿Era la riqueza? No: era con él, siempre con él,

---

el escritor patriota Rigas Veléstinlis (1757-1798), uno de los primeros activistas por la liberación de Grecia, quien murió ejecutado por los turcos en Belgrado.

[27] Jerónimo Bonaparte (1784-1860), el hermano menor de Napoleón. Entre 1807 y 1813 fue rey de Westfalia, reino creado por decreto imperial del 18 de agosto de 1807 y compuesto por los territorios del ducado de Brunswick, el electorado de Hesse-Cassel y la parte sur del electorado de Hanóver.

con quien había que estar contento, a cambio de todos los bienes de este mundo.

Los italianos, por la esperanza confusa de quedar al fin reunidos en un mismo Estado, los desdichados polacos, que le piden al infierno tanto como al cielo volver a ser una nación, eran los únicos que servían voluntariamente al emperador. Pero a éste lo horrorizaba tanto el amor a la libertad que, aunque necesitaba a los polacos como auxiliares, odiaba en ellos el noble entusiasmo que los condenaba a obedecerle. Este hombre, tan hábil en el arte de disimular, no podía valerse, ni siquiera con hipocresía, de los sentimientos patrióticos de los que, sin embargo, hubiera podido obtener tanta ayuda: era un arma que no sabía manejar, y en todo momento temía que le estallase en las manos. En Poznan, los diputados polacos fueron a ofrecerle sus fortunas y su vidas para restablecer a Polonia[28]. Napoleón les respondió, con esa voz sombría y esa declamación precipitada que algunos han notado en él cuando se obligaba a hablar, empleando unas pocas palabras de libertad bien o mal redactadas, pero que le costaban tanto que eran la única mentira que no podía pronunciar con su aparente afabilidad. Incluso cuando los aplausos del pueblo eran en su favor, el pueblo siempre le desagradaba. Ese instinto de déspota le hizo erigir un trono sin base, y lo obligó a errar su vocación en este mundo: el establecimiento de la reforma política.

Los medios del emperador para subyugar a Europa fueron la audacia en la guerra y la astucia en la paz. Firmaba tratados cuando sus enemigos estaban a medias

---

[28] El 19 de noviembre de 1806, una delegación del palatinado de Poznan, alentada por los generales polacos Jan Henryk Dabrowski y Józef Rufin Wybicki, quienes estaban al servicio de Francia desde 1795, se presentó ante Napoleón para pedirle que proclamase la independencia de Polonia. La respuesta del emperador fue ambigua: Francia nunca había reconocido las Particiones de Polonia, pero la restauración del trono polaco debería ser obra de los mismos polacos.

derrotados, para no empujarlos a la desesperación y, no obstante, debilitarlos lo bastante para que el hacha, que seguía clavada en el tronco del árbol, pudiera hacerlos perecer a la larga. Se ganaba algunos amigos entre los antiguos gobernantes, mostrándose en todo enemigo de la libertad. De modo que, al final, fueron las naciones las que se sublevaron contra él, ya que las había ofendido más aún que a los reyes. Sin embargo, todavía causa sorpresa encontrar partidarios de Bonaparte fuera de los franceses, a los que, al menos, les daba la victoria como consuelo del despotismo. Esos partidarios, sobre todo en Italia, sólo son, por lo general, amigos de la libertad que se ilusionaron erradamente con obtenerla de él, y que preferirían con mucho un gran acontecimiento, cualquiera que fuese, antes que el desánimo en el que han caído. Sin querer entrar en los intereses de los extranjeros, de los que nos hemos prometido no hablar, creemos poder afirmar que las buenas obras particulares hechas por Bonaparte, las grandes carreteras necesarias para sus proyectos, los monumentos consagrados a su gloria, algunos restos de las instituciones liberales de la Asamblea Constituyente cuya aplicación fuera de Francia a veces permitía, tales como la mejora de la jurisprudencia, la de la educación pública, el fomento dado a las ciencias; todas esas buenas obras, digo, por muy deseables que fuesen, no podían compensar el yugo envilecedor que hacía pesar sobre las almas. ¿Qué hombre superior hemos visto desarrollarse bajo su reino? ¿Qué hombre, incluso, veremos antes de que pase mucho tiempo allí donde dominó Bonaparte? Si hubiera querido el triunfo de una libertad sabia y digna, por todas partes habría brotado la energía, y un nuevo impulso habría animado el mundo civilizado. Pero Bonaparte no ganó para Francia la amistad de una sola nación. Hizo matrimonios, distritos, reuniones; recortó los mapas y contó las almas, de la manera que quedó establecida desde entonces, para completar los dominios de los príncipes; pero ¿dónde implantó esos principios políticos que son las murallas, los tesoros y la gloria de Inglaterra; esas instituciones que son invencibles cuando ya han durado diez años? Puesto que, para entonces, han dado tanta felicidad que todos los hombres de un país se alían para defenderlas.

39

III

*De los medios que empleó Bonaparte para atacar a
Inglaterra.*

Si es posible entrever un plan en la conducta realmente
desordenada de Bonaparte en lo que respecta a las naciones extranjeras, éste fue el de establecer una monarquía
universal de la que él sería el jefe, dando reinos y ducados
en feudos, volviendo al régimen feudal, tal como se estableció en tiempos pasados mediante la conquista. Ni
siquiera parece que se hubiera limitado a los confines de
Europa, y sus proyectos, ciertamente, se extendían hasta
el Asia. En fin, siempre quería ir hacia adelante, mientras
no se topase con un obstáculo; pero no había calculado
que en una empresa tan vasta, un obstáculo no sólo for-
zaba a detenerse sino que destruía por completo el edi-
ficio de una prosperidad contra natura, que tenía que
venirse abajo en cuanto no se elevara más.

Para hacerle soportar la guerra a la nación francesa,
que, como todas las naciones, anhelaba la paz; para obligar a las tropas extranjeras a seguir la bandera francesa,
hacía falta un motivo que pudiese vincularse, al menos en
apariencia, con el bien público. Hemos tratado de mostrar, en el capítulo anterior, que si Napoleón hubiese tomado como estandarte la libertad de los pueblos, habría
arrastrado con él a Europa sin tener que recurrir al uso
del terror; pero con eso su poder imperial no hubiera
ganado nada y, por cierto, no era hombre que se dejase
llevar por sentimientos desinteresados. Quería una frase
que sirviera como grito de guerra e hiciera creer que tenía
en vistas el provecho y la independencia de Europa, y fue

la libertad de los mares lo que eligió[29]. Sin lugar a dudas, la perseverancia y los recursos financieros de los ingleses se oponían a sus proyectos, y además sentía una aversión natural por sus instituciones libres y la altivez de su carácter. Pero lo que más útil le resultaba era sustituir la doctrina de los gobiernos representativos, que se funda en el respeto debido a las naciones, por los intereses mercantiles y comerciales, sobre los que se puede hablar sin fin, razonar sin límites y sin alcanzar nunca el objetivo. La divisa de los desdichados tiempos de la Revolución Francesa: *Libertad, Igualdad*, les daba a los pueblos un impulso que no podía gustarle a Bonaparte; pero la divisa de sus estandartes: *Libertad de los mares*, lo llevaba adonde él quería, requería tanto el viaje a las Indias como la paz más razonable, si de pronto le era útil firmarla. Por último, ese grito de reunión le daba una ventaja singular, la de caldear los ánimos sin dirigirlos contra el poder. Gentz[30] y Schlegel[31], en sus escritos sobre el sistema continental, hablaron perfectamente de las ventajas y los inconvenientes de la primacía marítima de Inglaterra

---

[29] Napoléon tomó la consigna de la libertad de los mares y la idea de un bloqueo continental contra Inglaterra del orador revolucionario Bertrand Barère (1755-1841), quien había publicado en 1798 un libro titulado *La liberté des mers ou le Gouvernement anglais dévoilé*. El bloqueo continental fue instituido por el Decreto de Berlín, del 21 de noviembre de 1806.

[30] Friedrich von Gentz (1764-1832), discípulo de Kant, publicista y diplomático alemán, enemigo de la Revolución Francesa y del Imperio. En 1793 tradujo al alemán la obra que sirvió de base al pensamiento contrarrevolucionario europeo, *Reflections on the Revolution in France*, de Edmund Burke.

[31] August Wilhelm von Schlegel (1767-1845), poeta, filósofo, orientalista, fue uno de los principales teóricos del romanticismo alemán. Amante de Germaine de Staël desde 1803, se estableció en el castillo de Coppet y la acompañó en sus numerosos viajes a través de Italia, Francia, Suecia, Inglaterra y Rusia.

cuando Europa está en su situación ordinaria. Pero al menos es cierto que esa primacía era el único contrapeso, hace algunos años, a la dominación de Bonaparte, y que no habría quedado ni un rincón en la tierra para escapar de ella si el océano inglés no hubiese rodeado al continente con sus brazos protectores.

Pero, se dirá, aun admirando a Inglaterra, Francia debe ser siempre la rival de su poderío, y sus dirigentes desde siempre han tratado de combatirla. Hay un solo modo de igualar a Inglaterra, y es imitándola. Si Bonaparte, en lugar de imaginar esa ridícula comedia de desembarco[32], que únicamente sirvió de tema para las caricaturas inglesas, y ese bloqueo continental, más serio pero también más funesto; si Bonaparte sólo hubiera querido conquistar de Inglaterra su constitución y su industria, Francia tendría hoy un comercio basado en el crédito, un crédito basado en la representación nacional y sobre la estabilidad que ésta procura. Pero el ministerio inglés, por desgracia, sabe demasiado bien que una monarquía constitucional es el único medio, y realmente el único, de asegurarle a Francia una prosperidad duradera. Cuando Luis XIV luchaba con éxito en los mares contra las flotas inglesas, era porque las riquezas financieras de ambos países eran casi las mismas; pero ya hace ochenta o cien años que la libertad se ha consolidado en Inglaterra, y Francia sólo puede ponerse en equilibrio con ella gracias a garantías legales de la misma naturaleza. En lugar de tomar esta verdad como brújula, ¿qué ha hecho Bonaparte?

La gigantesca idea del bloqueo continental se parecía a una especie de cruzada europea contra Inglaterra, con el cetro de Napoleón como señal de reunión. Pero si, en el

---

[32] En 1805, para hacer frente a la Tercera Coalición europea en contra del Imperio, Napoleón reunió una flota en Boulogne con el objetivo de invadir Inglaterra. La derrota francesa de Trafalgar, el 21 de octubre del mismo año, puso fin al proyecto.

interior, la exclusión de las mercaderías inglesas dio cierto impulso a las manufacturas, los puertos quedaron desiertos y el comercio resultó aniquilado. Nada hizo más impopular a Napoleón que el encarecimiento del azúcar y el café, que afectaba las costumbres diarias de todas las clases. Haciendo quemar, en las ciudades que dependían de él, desde Hamburgo hasta Nápoles, los productos de la industria inglesa, indignaba a todos los testigos de esos *autos de fe* en honor del despotismo. He visto en la plaza pública, en Ginebra, a pobres mujeres echarse de rodillas delante de la hoguera en la que quemaban las mercaderías, suplicando que se les permitiera arrebatar a tiempo de las llamas algunos pedazos de tela o de paño, para vestir a sus hijos que estaban en la miseria: semejantes escenas debieron de repetirse por todas partes; pero, aunque los hombres de Estado de talante irónico repitiesen entonces que no significaban nada, esas escenas eran el cuadro viviente de un absurdo tiránico: el bloqueo continental. ¿Cuál fue el resultado de los terribles anatemas de Bonaparte? El poderío de Inglaterra creció en las cuatro partes del mundo, su influencia sobre los gobiernos extranjeros no tuvo límites, y así tenía que ser, dada la enormidad del mal del que preservaba a Europa. Bonaparte, a quien se insiste en llamar hábil, encontró, sin embargo, el arte torpe de multiplicar por todas partes los recursos de sus adversarios, y aumentar tanto los de Inglaterra en particular, que sólo logró hacerle, quizás, un único daño, es cierto que el mayor de todos: el de aumentar sus fuerzas militares en grado tal que se podría temer por su libertad, si no confiáramos en su espíritu público.

No se puede negar que es muy natural que Francia envidie la prosperidad de Inglaterra; y este sentimiento la llevó a dejarse engañar por algunos de los intentos de Bonaparte para poner la industria francesa a la altura de la de Inglaterra. Pero, ¿se crea acaso riqueza con prohibiciones basadas en el empleo de las armas? La voluntad de los soberanos ya no podría dirigir el sistema industrial y comercial de las naciones: hay que dejar que éstas sigan su desarrollo natural, y secundar sus intereses de acuerdo con sus propósitos. Pero así como una mujer, por mucho que se irrite con las atenciones que recibe una rival, no por eso ella obtiene más, una nación, en lo que se refiere al comercio y la industria, sólo puede tener éxito si sabe atraer los tributos voluntarios, y no prohibiendo la competencia.

Los gacetilleros oficiales estaban encargados de insultar a la nación inglesa y a su gobierno; en todos los periódicos, absurdas denominaciones, tales como *pérfidos insulares* o *comerciantes ávidos*, se repetían sin cesar con variaciones que, empero, no tenían que alejarse mucho del texto. En algunos escritos se remontaron hasta Guillermo el Conquistador para calificar la batalla de Hastings como una revuelta[33], y la ignorancia le facilitaba a la bajeza las más miserables calumnias. Los periodistas de Bonaparte, a los que nadie podía contestar, desfiguraron la historia, las instituciones y el carácter de la nación inglesa. Éste es otro de los flagelos de la esclavitud de la prensa: Francia los padeció todos.

Como Bonaparte se respetaba más a sí mismo que a quienes le estaban sometidos, se permitía a veces, en la conversación, hablar bastante bien de Inglaterra, ya fuese porque quisiera preparar las mentes para alguna circunstancia en que le resultara conveniente tratar con el gobierno inglés, o porque le gustase liberarse por un momento del lenguaje falso que obligaba a usar a sus servidores. La consigna era: *Hagamos mentir a los nuestros.*

---

[33] La batalla de Hastings tuvo lugar el 14 de octubre de 1066 y opuso el último rey anglosajón de Inglaterra, Harold Godwinson, al duque Guillermo de Normandía, quien terminó siendo coronado como Guillermo I de Inglaterra en la abadía de Westminster el 25 de diciembre del mismo año.

IV

Acerca del espíritu del ejército francés.

No hay que olvidarlo: el ejército francés se comportó admirablemente durante los diez primeros años de la guerra de la Revolución. Las buenas cualidades que les faltaban a los hombres que actuaban en lo civil, las tenían los militares: perseverancia, entrega, audacia e incluso bondad, cuando la impetuosidad del ataque no alteraba su carácter natural. A menudo los soldados y los oficiales se hacían querer en los países extranjeros, incluso cuando sus armas habían causado daño; no sólo desafiaban a la muerte con esa increíble energía que siempre se encontrará en su sangre y en sus corazones, sino que soportaban las más horrendas privaciones con una serenidad sin parangón. La ligereza de la que con razón se acusa a los franceses en los asuntos políticos, se volvía respetable cuando se transformaba en indiferencia al peligro, en indiferencia incluso al dolor. Los soldados franceses sonreían en medio de las situaciones más crueles, e incluso recobraban el ánimo en medio de la angustia del sufrimiento, ya fuera debido a un sentimiento de entusiasmo por su patria o a causa de algún chiste que hacía renacer esa alegría ocurrente a la que, en Francia, son sensibles hasta las clases más bajas de la sociedad.

La Revolución había perfeccionado singularmente el arte funesto del reclutamiento[34]; pero el bien que había

---

34 El reclutamiento, o servicio militar obligatorio, fue una creación de la Revolución Francesa (el Antiguo Régimen sólo había

hecho, al permitir que todos los grados fueran accesibles al mérito, estimuló en el ejército francés una emulación sin límites. A esos principios de libertad debió Bonaparte los recursos que usó en contra de la libertad misma. Pronto el ejército, bajo Napoleón, apenas si conservó de sus virtudes populares su admirable valor y un noble sentimiento de orgullo nacional; pero ¡cuánto se había degradado, pese a todo, peleando por un hombre, mientras que sus predecesores, mientras que sus mismos veteranos, diez años antes, sólo se habían sacrificado por la patria! Asimismo, pronto las tropas de casi todas las naciones continentales fueron forzadas a combatir bajo las banderas de Francia. ¿Qué sentimiento patriótico podía animar a los alemanes, los holandeses, los italianos, cuando nada les garantizaba la independencia de su país, o, más bien, cuando su esclavitud pesaba sobre ellos? Lo único que tenían en común entre ellos era un mismo jefe, y por eso nada era menos firme que su asociación; ya que el entusiasmo por un hombre, sea cual sea, es necesariamente algo variable; sólo el amor por la patria y la libertad no puede cambiar, porque es desinteresado en su principio. El prestigio de Napoleón venía de la idea que los demás tenían de su buena fortuna; la adhesión que se le tenía no era más que la adhesión a uno mismo. Se creía en las ventajas de todo tipo que se obtendrían bajo su bandera; y como distinguía maravillosamente el mérito militar y sabía recompensarlo, el soldado más raso del ejército podía alimentar la esperanza de llegar a ser mariscal de Francia. Los títulos, la cuna, los servicios prestados en la corte tenían poca influencia en la carrera militar. Allí, a pesar del despotismo del gobierno, existía un espíritu de igualdad, porque allí Bonaparte tenía necesidad de fuerza, y ésta no puede existir sin cierto grado de

---

tenido ejércitos de profesionales o de mercenarios); comenzó con la Leva en masa de septiembre de 1793 y fue institucionalizado en 1798 por la ley Jourdan-Delbrel.

independencia. De modo que, bajo el reinado del emperador, lo mejor seguía siendo ciertamente el ejército. Los comisarios que castigaban a los países conquistados con impuestos, cárceles, exilios; esas bandadas de agentes civiles que se abatían como los buitres sobre los campos de batalla después de la victoria, hicieron detestar a los franceses mucho más que esos pobres y valientes conscriptos que pasaban de la infancia a la muerte, creyendo que defendían a su patria. Pronunciarse sobre las dotes de Bonaparte como capitán es algo que corresponde a los hombres que conocen profundamente el arte militar. Pero si lo juzgamos en este aspecto por las observaciones que están al alcance de todo el mundo, me parece que su ardiente egoísmo contribuyó quizás tanto a sus primeros triunfos como a sus últimos reveses. En la carrera de las armas le faltaba, al igual que en todas las otras, ese respeto por los hombres y ese sentimiento del deber sin los que nada grande es perdurable.

Bonaparte, como general, nunca ahorró la sangre de sus tropas: sus sorprendentes victorias las logró derrochando la multitud de los soldados que heredó de la Revolución. Avanzó sin pertrechos, lo que hacía sus movimientos particularmente rápidos, pero redobló los males de la guerra para los países en los que ésta se desarrollaba. En fin, hasta el tipo de maniobras militares que le era propio tiene alguna relación con el resto de su carácter; siempre arriesga el todo por el todo, contando con las faltas de sus enemigos, a los que desprecia, y dispuesto a sacrificar a sus partidarios, que poco le importan, si no obtiene con ellos la victoria.

Durante la guerra con Austria, en 1809, se lo vio abandonar la isla de Lobau[35] cuando juzgó que la batalla

---

[35] La batalla de Essling, entre el ejército francés y el ejército austríaco, tuvo lugar entre el 20 y el 22 de mayo de 1809 en los suburbios de Viena. La isla de Lobau, en mitad del Danubio, había sido elegida por Napoleón como punto de pasaje para su ejército.

estaba perdida; cruzó el Danubio, solo con Chernyshyov[36], uno de los intrépidos edecanes del emperador de Rusia, y el mariscal Berthier[37]. El emperador les dijo, con bastante tranquilidad, que, *después de ganar cuarenta batallas, no era nada extraordinario perder una*; y cuando llegó al otro lado del río se acostó y durmió hasta la mañana siguiente, sin informarse de la suerte que había corrido el ejército francés, al que sus generales salvaron mientras él dormía. ¡Qué singular rasgo de carácter! Y, sin embargo, no existe un hombre más activo, más audaz en la mayoría de las ocasiones importantes. Pero se diría que sólo sabe navegar con viento favorable, y que la desgracia lo deja inmediatamente helado, como si hubiera hecho un pacto mágico con la fortuna y fuese incapaz de marchar sin ella.

La posteridad, incluso muchos de nuestros contemporáneos ya lo hacen, objetará a los antagonistas de Bonaparte el entusiasmo que éste le inspiraba a su ejército. Trataremos esta cuestión de manera tan imparcial como nos sea posible, cuando lleguemos al funesto retorno de la isla de Elba[38]. ¿Quién podría negar que Bonaparte fue un hombre de un genio trascendente en muchos sentidos? Veía hasta donde el conocimiento del mal puede alcanzar; pero hay algo más allá y es la región

---

[36] Alexander Ivanovich Chernyshyov (1786-1857). En la batalla de Essling participó como observador del gobierno ruso. En junio de 1809 fue nombrado edecán del zar Alejandro.

[37] Alexander Ivanovich Chernyshyov (1786-1857). En la batalla de Essling participó como observador del gobierno ruso. En junio de 1809 fue nombrado edecán del zar Alejandro.

[38] El 14 de abril de 1814, después de la primera abdicación de Napoleón, el Senado de Francia había creado el Principado de la isla de Elba (pequeña isla situada entre Córcega e Italia), de la que Napoleón fue designado soberano. El 1 de marzo de 1815, Napoleón abandonó la isla de Elba para regresar a Francia y tratar de reconquistar su imperio: fue el comienzo de los Cien Días.

del bien. Las dotes militares no siempre son prueba de un espíritu superior; muchos azares pueden ayudar en esa carrera; por otra parte, el tipo de intuición que hay que tener para conducir a los hombres en el campo de batalla no se parece a la percepción íntima que exige el arte de gobernar. Una de las mayores desdichas de la especie humana es la impresión que los éxitos de la fuerza producen en los ánimos; y, sin embargo, nunca habrá libertad ni moral en el mundo si no se llega a considerar una batalla tan sólo según lo justo de la causa y lo útil del resultado, como se lo hace con cualquier otro hecho de este mundo.

Uno de los mayores daños que Bonaparte le hizo a Francia fue darles el gusto por el lujo a esos soldados que tan bien se contentaban con la gloria en los días en que la nación aún estaba viva. Un mariscal intrépido, cubierto de heridas e impaciente por recibir más, pedía para su palacete una cama tan cargada de dorados y puntillas que era imposible encontrar en todo París algo con que satisfacer su deseo; "¡Muy bien!", exclamó entonces de mal humor, "¡denme un poco de paja y dormiré perfectamente!" En efecto, para aquellos hombres no había intervalo entre la pompa de las *Mil y una noches* y la vida rígida a la que estaban acostumbrados.

También hay que acusar a Bonaparte por haber alterado el carácter francés, inculcándole los hábitos de disimulo de los que él mismo daba ejemplo. Varios jefes militares se transformaron en diplomáticos en la escuela de Bonaparte, capaces de ocultar sus verdaderas opiniones, estudiar las circunstancias y acomodarse a ellas. Su coraje siguió siendo el mismo, pero todo el resto cambió. Los oficiales más cercanos al emperador, lejos de conservar la amabilidad francesa, se volvieron fríos, circunspectos, desdeñosos; saludaban con un gesto de la cabeza, hablaban poco y parecían compartir el desprecio de su jefe por la raza humana. Los soldados siempre tienen impulsos generosos y naturales; pero la doctrina de la obediencia pasiva, que algunos partidos, opuestos en sus intereses aunque de acuerdo en sus máximas, introdujeron entre los jefes del ejército, alteró necesariamente lo que había de grande y patriota en las tropas francesas.

Las fuerzas armadas deben ser, se dice, esencialmente obedientes. Esto es cierto en el campo de batalla, en presencia del enemigo, y en lo concerniente a la disciplina militar. Pero los franceses, ¿podían y debían ignorar que inmolaban una nación en España[39]? ¿Podían y debían ignorar que no eran sus hogares lo que defendían en Moscú[40], y que Europa sólo estaba en guerra porque Bonaparte había sabido utilizar, sucesivamente, cada uno de los países que la componen para someterla por entero? Se pretende que los militares sean una especie de cor-

---

[39] La Guerra de España tuvo su origen en la invasión de Portugal (noviembre de 1807), debido a que este reino, aliado de Inglaterra, no se sumaba al bloqueo continental —lo que fue excusa para que tropas francesas se establecieran de manera permanente en suelo español—, y en las tensiones dinásticas internas de la corona española entre Carlos IV y el Príncipe de Asturias, el futuro Fernando VII. En mayo de 1808, en Bayona, Napoleón obligó a ambos a abdicar al trono español y designó a su hermano José Bonaparte como rey de España. El levantamiento del pueblo de Madrid, el 2 de mayo de 1808, marcó el comienzo de la Guerra de Independencia.

[40] La llamada Campaña de Rusia comenzó en junio de 1812 con la invasión de Rusia por el Gran Ejército Imperial (el mayor ejército europeo reunido hasta entonces: unos 610.000 hombres). Después de la batalla de Borodino, el 7 de septiembre, el Gran Ejército entró en Moscú el 14. Al día siguiente, los rusos incendiaron la ciudad. Cuando Napoleón dio la orden de partir, el 14 de octubre, después de esperar en vano algún mensaje del Zar Alejandro, los grandes fríos habían comenzado. La retirada fue desastrosa, debido al frío, el hambre y los ataques continuos de los cosacos, y quedó inmortalizada en la batalla y el terrible cruce del río Berésina (entre el 26 y el 29 de noviembre de 1812), luego de los cuales sólo quedaron unos cien mil soldados de lo que había sido el Gran Ejército.

poración fuera de la nación y que nunca pueda unirse con ella. De tal modo que los desdichados pueblos tendrían siempre dos enemigos, sus propias tropas y las de los extranjeros, ya que todas las virtudes del ciudadano les estarían prohibidas a los soldados.

El ejército de Inglaterra está tan sometido a la disciplina como los de los Estados más absolutos de Europa; pero los oficiales no dejan por ello de hacer uso de su razón, ya sea como ciudadanos, tomando parte, a su vuelta al país, en los intereses públicos de la nación, ya sea como militares, conociendo y respetando el imperio de la ley en lo que les concierne. Nunca un oficial inglés arrestaría a un individuo, ni dispararía sobre el pueblo sublevado, fuera de las formas impuestas por la constitución. Hay intento de despotismo toda vez que se quiere prohibir a los hombres el uso de la razón que Dios les ha dado. Se dirá que basta con obedecer el juramento que se ha hecho; pero ¿qué cosa exige más el uso de la razón que el conocimiento de los deberes que ese mismo juramento conlleva? ¿Se pensará, acaso, que el que se le prestó a Bonaparte podría obligar a un oficial a secuestrar al duque de Enghien en la tierra extranjera que debía servirle de asilo? Cada vez que se establecen máximas anti-liberales es para usarlas como un arma contra los adversarios, pero a condición de que estos adversarios no las vuelvan en contra nuestra. Sólo hay dos cosas que a ningún partido deben inspirar temor: éstas son son la ilustración y la justicia. En fin, ¿qué ocurre con esta máxima enfática: *el ejército no debe juzgar sino obedecer*? Ocurre que el ejército, en los desórdenes civiles, siempre decide el destino de los imperios, sólo que decide mal, porque le han prohibido el uso de la razón. Fue consecuencia de esta obediencia ciega al jefe, impuesta como un deber al ejército francés, que éste sostuviera el gobierno de Bonaparte: ¡cuánto se lo culpó, sin embargo, por no haberlo derrocado! Las funciones civiles, para justificar su servilismo para con el emperador, acusaban al ejército; y es fácil hacerles decir en la misma frase a los partidarios del poder absoluto, que por lo común no son duchos en lógica, primero, que los militares nunca deben tener opinión alguna en política, y luego, que tuvieron gran culpa en prestarse a las guerras injustas de Bonaparte. Por cierto, los que derraman su sangre por el Estado tienen algún derecho a saber si es realmente por el Estado por quien luchan. De esto no se desprende que el ejército pueda gobernar: ¡Dios nos libre y guarde! Pero si bien el ejército debe mantenerse apartado de los asuntos públicos en todo lo que concierne a su marcha habitual, no por eso la libertad del país deja de estar bajo su protección; y cuando el despotismo se apodera de ella, es preciso que el ejército se niegue a sostenerlo. ¡Cómo! —me dirán—, ¿usted pretende que el ejército delibere? Si ustedes llaman deliberar a conocer el propio deber y a usar las propias facultades para cumplir con él, respondo que, si ustedes prohíben razonar cuando esto va en contra de sus órdenes, el día de mañana les parecerá mal que no se haga uso de la razón contra las órdenes de un tercero; todos los partidos que, en materia política como en materia de fe, exigen que se renuncie al ejercicio del propio pensamiento, lo único que quieren es que se piense como ellos, en cualquier circunstancia; y sin embargo, cuando se transforma a los soldados en máquinas, si esas máquinas ceden ante la fuerza no hay derecho a quejarse. No es posible prescindir de la opinión de los hombres para gobernarlos. El ejército, como cualquier otra organización, tiene que saber que forma parte de un Estado libre, y defender, contra todo y contra todos, la constitución legalmente establecida. El ejército francés, ¿puede hoy no arrepentirse amargamente de esa obediencia ciega a su jefe, que llevó a Francia al desastre? Si los soldados no hubiesen dejado de ser ciudadanos, todavía serían los pilares de la patria.

Reconozcamos, sin embargo, y de buena gana, que las tropas de línea son una invención funesta; y si se las pudiera suprimir en toda Europa al mismo tiempo, la especie humana daría un gran paso hacia el perfeccionamiento del orden social. Si Bonaparte se hubiera detenido después de algunas de sus victorias, con el efecto que producían por entonces su nombre y el de los ejércitos franceses, le habría bastado la Guardia Nacional para la defensa del Rin y de los Alpes. Cuanto hay de bueno en las cosas humanas, lo tuvo en su poder; pero la lección que tenía que darle al mundo era de otra naturaleza.

Durante la última invasión de Francia[41], un general del ejército aliado declaró que haría fusilar a cualquier ciudadano francés al que se lo encontrase con las armas en la mano; algunos generales franceses habían cometido el mismo error en Alemania; y sin embargo, los soldados de los ejércitos de línea influyen mucho menos en el desenlace de la guerra defensiva que los lugareños. Si fuese verdad, como decía ese general, que no les está permitido a los ciudadanos defenderse de las tropas regulares, todos los españoles serían culpables y Europa seguiría obedeciendo a Bonaparte; porque no hay que olvidar que fueron los simples habitantes de España quienes comenzaron la lucha; fueron ellos los primeros en pensar que las probabilidades de éxito carecían de toda importancia ante el deber de la resistencia. Ninguno de aquellos españoles, y, poco más tarde, ninguno de los campesinos rusos, formaban parte de un ejército de línea; y esto los hacía aún más respetables en su combate por la independencia de su país.

---

[41] Después de la definitiva derrota de Napoleón en Waterloo (18 de junio de 1815), los ejércitos aliados de la Séptima Coalición invadieron buena parte de Francia, incluida la capital, e impusieron duras condiciones de paz en el Tratado de París (20 de noviembre de 1815).

V

Acerca de la legislación y la administración bajo Bonaparte.

Todavía no se ha caracterizado lo bastante la arbitrariedad sin límites y la corrupción sin pudor del gobierno civil bajo Bonaparte. Se podría creer que, después de la andanada de injurias que siempre cae en Francia contra los vencidos, no puede quedar nada malo por decir de un poderío abatido que no hayan agotado los aduladores del reinado siguiente. Pero como se quería preservar la doctrina del despotismo al mismo tiempo que se atacaba a Bonaparte, como una gran parte de quienes lo injurian hoy lo alababan la víspera, era necesario, para poner cierta coherencia en una conducta en que lo único consecuente era la bajeza, atacar al hombre aún más allá de lo que merece, y pese a todo callar muchas cosas de un sistema que se quería seguir utilizando. El mayor crimen de Napoleón, sin embargo, el crimen por el cual todos los pensadores, todos los escritores que dispensan la gloria en la posteridad, no dejarán de acusarlo ante la especie humana, fue la instauración y organización del despotismo. Lo basó en la inmoralidad, ya que la ilustración que existía en Francia era tal que el poder absoluto sólo podía mantenerse mediante la depravación, mientras que en otras partes subsiste gracias a la ignorancia.

¿Se puede hablar de legislación en un país donde la voluntad de un solo hombre lo decidía todo; donde ese hombre, cambiante y agitado como las olas del mar durante la tempestad, no podía soportar siquiera la barrera de su propia voluntad, si se le recordaban sus propósitos de la víspera, cuando tenía ganas de cambiarlos al día siguiente? Cierta vez, a uno de sus consejeros se le ocurrió decirle que el Código Napoleónico[42] se oponía a la resolución que iba a tomar. *Pues bien —dijo—, el Código Napoleónico fue hecho para salvación del pueblo, y si esa salvación requiere otras medidas, hay que tomarlas.* ¡Qué buen pretexto es la salvación pública para justificar el poder ilimitado! Bien hizo Robespierre en darle ese nombre a su gobierno[43]. Poco tiempo después de la muerte del duque de Enghien, cuando Bonaparte se sentía quizás aún perturbado en lo más hondo del alma por el horror que había inspirado ese asesinato, dijo, hablando de literatura con un artista muy capaz de emitir sobre ésta un juicio acertado: "La razón de Estado, sabe usted, ha reemplazado entre los modernos el fatalismo de los antiguos. Corneille[44] es el único de los autores trágicos franceses

---

[42] El Código Civil de los Franceses, cuyo principal redactor fue el jurista Jean-Jacques-Régis de Cambacérès, fue promulgado por Napoleón el 21 de marzo de 1804. A pesar de sucesivas reformas, la mitad de los artículos originales siguen estando aún en vigor; constituye, junto con el sistema administrativo actual de Francia, proveniente asimismo del Consulado y del primer Imperio, una de las obras más perdurables de Napoleón.

[43] El célebre *Comité de Salut Public*, primer órgano del gobierno revolucionario instituido por la Convención el 6 de abril de 1793. Dominado al principio por Danton, recién el 27 de julio siguiente Robespierre entró a formar parte de él, para dirigir el período más sangriento del Terror Revolucionario.

[44] Pierre Corneille (1606-1684), uno de los grandes dramaturgos del Gran Siglo francés. Napoleón sentía una gran admiración por la tragedia clásica francesa y consideraba que ésta era la escuela de los grandes hombres. Poco antes de abandonar Moscú, el 15 de octubre de 1812, Napoleón reorganizó por decreto imperial la Comedia Francesa —clausurada por el Comité de Salvación Pública en 1793 y tolerada desde

que percibió esta verdad. Si hubiese vivido en mi época, lo habría nombrado primer ministro".

Había dos tipos de instrumentos del poder imperial: las leyes y los decretos. Las leyes eran sancionadas por un simulacro de poder legislativo[45]; pero eran los decretos, que emanaban directamente del emperador y se discutían en su Consejo, los que constituían la verdadera acción de la autoridad. Napoleón dejaba en manos de los hombres de labia del Consejo de Estado y de los diputados mudos del Cuerpo Legislativo la deliberación y la decisión acerca de algunas cuestiones abstractas concernientes a la jurisprudencia, a fin de darle a su gobierno una falsa apariencia de sabiduría filosófica. Pero cuando se trataba de leyes relativas al ejercicio del poder, entonces todas las excepciones, así como todas las reglas, eran de la jurisdicción del emperador. En el Código Napoleónico, e incluso en el Código de Instrucción Criminal, han subsistido algunos muy buenos principios que derivan de la Asamblea Constituyente[46]: la institución del jurado, ancla de esperanza para Francia, y distintas mejoras en el enjuiciamiento civil, que lo sacaron de las tinieblas en que estaba sumido antes de la Revolución, y en que todavía lo está en varios Estados de Europa. Pero ¿qué importaban las instituciones legales, puesto que tribunales extraordinarios designados por el emperador, cortes especiales, comisiones militares, juzgaban todos los delitos políticos, es decir, los

---

1799— y la dotó de un estatuto que permanece aún vigente.

[45] La organización jurídica del primer Imperio estuvo basada en el senadoconsulto del 18 de mayo de 1804 —también conocido como Constitución del Año XII—, que estableció, en sus puntos fundamentales, el título hereditario de emperador y una nueva nobleza —presidida por seis grandes dignidades imperiales—, y mantuvo el poder legislativo dividido por la Constitución del Año VIII (la Constitución del Consulado) entre el Senado, el Cuerpo Legislativo y el Tribunado (ver nota nº 7).

[46] Ver nota nº 3.

delitos para los que más se necesita la égida invariable de la ley? Vamos a mostrar en el siguiente volumen hasta qué punto, en estos juicios políticos, los ingleses multiplicaron las precauciones, a fin de poner más seguramente a la justicia fuera del alcance del poder. ¡Cuántos ejemplos hemos visto, bajo Bonaparte, de esos tribunales extraordinarios que se volvían habituales! Ya que, en cuanto se admite un acto arbitrario, ese veneno penetra en todos los asuntos de Estado. ¿El suelo de Francia no fue acaso mancillado con ejecuciones rápidas y tenebrosas? El Código Militar, por lo común, se mezcla demasiado con el Código Civil en todos los países, con excepción de Inglaterra; pero, bajo Bonaparte, bastaba con ser acusado de incitar a la deserción para ser sometido a las comisiones militares; y con esa excusa fue juzgado el duque de Enghien. Bonaparte no permitió ni una sola vez que un hombre pudiese recurrir, por un delito político, a la decisión de un tribunal civil. El general Moreau y sus coacusados[47] fueron sometidos a la justicia militar; pero, felizmente, cayeron en manos de jueces que respetaban su propia conciencia. Esos jueces, sin embargo, no pudieron impedir las iniquidades que se cometieron en ese horrible proceso, y la tortura fue reintroducida en el siglo XIX por el jefe de una nación cuyo poder debía emanar de la opinión pública.

Bajo el reinado de Napoleón era difícil distinguir la legislación de la administración, ya que una y otra dependían igualmente de la autoridad suprema. No obstante, haremos una observación de gran importancia a este respecto: todas las veces que las posibles mejoras en las distintas áreas del gobierno no le hacían mella alguna al poder de Bonaparte, y esas mejoras, por el contrario, contribuían a sus planes y a su gloria, el emperador hacía, para llevarlas a cabo, un uso hábil de los inmensos recursos que le brindaba la dominación de casi toda Europa; y

---

47 Ver nota nº 6.

como poseía un gran olfato para conocer cuáles eran los hombres que podían servirle de instrumento, empleaba casi siempre mentes muy calificadas para los asuntos que les encargaba. Al gobierno imperial se le deben los museos de arte y el embellecimiento de París[48], grandes rutas, canales que facilitaron las comunicaciones entre los departamentos[49]; en fin, todo lo que podía impresionar la imaginación, al mostrar, como en el Simplón y el Monte Cenis[50], que la naturaleza obedecía a Napoleón casi tan dócilmente como los hombres. Esos diversos prodigios se llevaron a cabo porque Bonaparte podía disponer para

---

[48] Entre los principales trabajos de Napoleón en París se cuentan el trazado de la Rue de Rivoli en 1802, gran arteria de comunicación paralela al Sena y que une el este y el oeste de la ciudad; la numeración de las calles de París en 1805 (cuyo sistema sigue vigente); la construcción del canal del Ourcq, en 1802, para abastecer la ciudad de agua potable; la erección de la columna Vendôme, en 1805, con el bronce de los cañones austríacos de la batalla de Austerlitz; la nueva fachada en 1806 del Palacio Borbón (sede del Cuerpo Legislativo); el Arco de Triunfo de la Estrella (comenzado en 1806 e inaugurado en 1836 por el rey Luis Felipe, con ocasión de la repatriación del cuerpo de Napoleón); y la actual iglesia de La Madeleine —originalmente, un templo dedicado a la gloria del Gran Ejército—, comenzada en 1806 y terminada sólo ochenta y cinco años más tarde.

[49] En 1790 la Revolución impuso una nueva organización administrativa del territorio francés basada en la creación de ochenta y tres departamentos, en sustitución de las treinta y cuatro provincias del Antiguo Régimen.

[50] En 1801 Napoleón ordenó construir un hospicio para los viajeros y abrir una carretera conocida como Paso del Simplón, en los Alpes suizos del cantón del Valais, que comunica con Italia. El Monte Cenis es un macizo y puerto de montaña situado en los Alpes, en la frontera de Suiza con Francia. Napoleón hizo remodelar el hospicio que albergaba a los viajeros y ordenó construir una carretera a lo largo del puerto.

cada lugar en particular de los impuestos y el trabajo de ochenta millones de hombres; pero los reyes de Egipto y los emperadores romanos tuvieron, en lo que a esto respecta, títulos de gloria igual de grandes. De lo que constituye el desarrollo moral de los pueblos, ¿en qué país se ocupó Napoleón? Y, por el contrario, ¿cuántos medios no empleó en Francia para sofocar el espíritu público, que se había desarrollado a pesar de los malos gobiernos engendrados por las pasiones?

Todas las autoridades locales, en provincias, fueron paulatinamente suprimidas o anuladas; en Francia ya no queda más que un foco de acción: París; y la instrucción que proviene de la emulación se ha marchitado en provincias, en tanto que la negligencia con la que se administraban las escuelas terminó por consolidar la ignorancia, que tan bien se lleva con la esclavitud. Sin embargo, como los hombres dotados de inteligencia sienten la necesidad de emplearla, todos los que tenían algún talento se trasladaron rápidamente a la capital para tratar de encontrar algún puesto. De allí proviene ese deseo furioso de ser empleado por el Estado y pensionado por él, que envilece y devora a Francia. Si se tuviera algo que hacer en la propia región, si se pudiese participar en la administración de la propia ciudad y del propio departamento, si se tuviese la oportunidad de ser útil allí, de lograr allí alguna reputación, y con esto asegurarse la esperanza de ser un día elegido diputado, no veríamos llegar a París a cualquiera que pueda ilusionarse con vencer a sus competidores gracias a alguna intriga o alguna lisonja adicional.

Bajo Napoleón, ningún empleo se dejaba a la libre elección de los ciudadanos. Bonaparte se complacía en dictar personalmente, desde las principales capitales de Europa, decretos que nombraban oficiales de justicia. Quería mostrar que estaba presente en todas partes, que podía hacerlo todo, que era el único que gobernaba en el mundo. No obstante, un hombre no puede llegar a multiplicarse con tal exceso sin caer en el charlatanismo; porque la realidad del poder queda siempre en manos de agentes subalternos, que ejercen el despotismo al por menor. En un país donde no hay ni un cuerpo intermediario independiente ni libertad de prensa, lo que un déspota nunca llega a saber, por muy superior que sea su inteligencia, es la verdad que podría desagradarle.

El comercio, el crédito, todo lo que requiere una acción espontánea en la nación y una garantía segura contra los caprichos del gobierno, no se adaptaban en absoluto al sistema de Bonaparte. La única base de este sistema eran los tributos de los países extranjeros. Se respetaba bastante la deuda pública, lo que le daba una apariencia de buena fe al gobierno, sin incomodarlo mucho, debido a lo pequeño de la suma. Pero los demás acreedores del tesoro público sabían que el hecho de cobrar o no cobrar tenía que ser considerado un azar en el que lo que menos contaba era su derecho. De modo que a nadie se le ocurría prestarle nada al Estado, por muy poderoso que fuera su jefe, y precisamente porque era demasiado poderoso. Los decretos revolucionarios, que se habían acumulado durante quince años de disturbios, eran retomados o dejados de lado según la decisión del momento. Casi siempre había en todo asunto una decisión a favor y otra contraria, que los ministros aplicaban de acuerdo con su conveniencia. Sofismas que no eran más que un lujo, puesto que la autoridad lo podía todo, justificaban según la ocasión las medidas más opuestas.

¡Qué indigna institución la de la policía[51]! Esa inquisición política ha ocupado en los tiempos modernos el lugar

---

[51] Ya en 1799 Napoleón creó el ministerio de la Policía General, cuyo titular fue el célebre Joseph Fouché (1759-1820), ex revolucionario y principal responsable de las masacres de Lyón en 1793. El ministerio controlaba la Prefectura de Policía, la Gendarmería y la Policía Secreta, a la que se refiere aquí Madame de Staël.

de la inquisición religiosa. ¿Era amado, el jefe que tenía necesidad de hacer pesar sobre la nación semejante esclavitud? Usaba a unos para acusar a otros, y se jactaba de poner en práctica esta vieja máxima: dividir para reinar, la que, gracias a los progresos de la razón, no es más que una astucia fácilmente puesta al descubierto. Los ingresos de que disponía esa policía eran dignos del uso que se hacía de ellos. Provenían de los juegos de París: la policía sobornaba al vicio con el dinero del vicio, que la financiaba. Se sustraía a la animadversión pública gracias al misterio de que se rodeaba; pero cuando por casualidad salía a la luz un proceso en que los agentes de policía estaban de algún modo comprometidos, ¿es posible imaginar algo más repugnante, más pérfido y más bajo que las disputas que surgían entre esos miserables? A veces declaraban que habían profesado una opinión para servir en secreto a otra opuesta; a veces se jactaban de las trampas que les habían tendido a los descontentos, para inducirlos a conspirar y traicionarlos después si conspiraban; ¡y en los tribunales se aceptó el testimonio de hombres semejantes! La desgraciada creación de esa policía se volvió más tarde en contra de los partidarios de Bonaparte: ¿no habrán pensado que se trataba del toro de Falaris[52], cuyo suplicio les tocaba padecer después de haber concebido tan funesta idea?

---

[52] Un instrumento de suplicio atribuido a Falaris, tirano de Acragas, en Sicilia (siglo VI A. C.) Consistía en encerrar al condenado en el interior de un toro de bronce que era luego puesto sobre una gran fogata.

VI

Acerca de la literatura bajo Bonaparte.

A esa misma policía —para la que no tenemos términos lo suficientemente despectivos, términos que puedan poner bastante distancia entre un hombre de bien y alguien capaz de entrar en semejante caverna—, Bonaparte le había encargado dirigir la opinión pública en Francia; y, en efecto, en cuanto no existe libertad de prensa y la censura de la policía no se limita a reprimir sino que dicta a todo un pueblo las opiniones que tiene que profesar acerca de la política, la religión, las costumbres, los libros, las personas, ¡en qué estado terminará cayendo una nación que no tiene más alimento para sus ideas que el que le permite o le prepara la autoridad despótica! No hay que extrañarse, pues, si en Francia la literatura y la crítica literaria se han degradado tanto. Por cierto, esto no ocurre porque existan en otras partes más ingenio y más aptitudes para todo que en Francia. Se pueden ver los progresos sorprendentes que no dejan de hacer los franceses en las ciencias y en la erudición, porque esas dos disciplinas no tienen ninguna relación con la política; mientras que hoy la literatura no puede producir nada grande sin la libertad. Siempre se ponen como objeción las obras maestras del siglo de Luis XIV; pero la esclavitud de la prensa era mucho menos severa bajo ese soberano que bajo Bonaparte. Hacia finales del reino de Luis XIV, Fénelon[53] y otros pensadores ya trata-

---

53 François de Salignac de La Mothe-Fénelon (1651-1715),

ban las cuestiones esenciales para los intereses de la sociedad. El genio poético se agota en todos los países según las épocas y sólo después de ciertos intervalos puede renacer; pero el arte de escribir en prosa, inseparable del pensamiento, abarca necesariamente toda la esfera filosófica de las ideas; y cuando se condena a los hombres de letras a quedar encerrados en el círculo de los madrigales y los idilios, se los hace caer fácilmente en el vértigo de las lisonjas: no pueden producir nada que vaya más allá de los suburbios de la capital y de los límites del tiempo actual.

La tarea impuesta a los escritores bajo Bonaparte era singularmente difícil. Tenían que combatir encarnizadamente los principios liberales de la Revolución, pero respetando todos los intereses de ésta, de modo tal que la libertad fuese aniquilada pero los títulos, los bienes y los empleos de los revolucionarios quedaran consagrados. Bonaparte decía un día, hablando de Jean-Jacques Rousseau: *Él fue, sin embargo, la causa de la Revolución. Por lo demás, no tengo que quejarme, ya que gracias a ella me apoderé del trono.* Era ese lenguaje el que tenía que servirles de programa a los escritores para socavar sin cesar las leyes constitucionales y los derechos imprescriptibles en que se basan esas leyes, y para exaltar al conquistador déspota que habían producido las tormentas de la Revolución, y que él había calmado. Si se trataba de la religión, Napoleón hacía poner seriamente en sus proclamas que los franceses tienen que desconfiar

---

arzobispo de Cambrai, teólogo y escritor. Fue preceptor de Luis de Francia, duque de Borgoña, el Delfín, nieto de Luis XIV, entre 1689 y 1699. Para su real alumno escribió varios libros, el más célebre de los cuales es la novela pedagógica *Les Aventures de Télémaque, fils d'Ulysse,* cuya publicación fue causa de que se lo expulsara de la corte en 1699. Su célebre carta a Luis XIV, de 1693, denunciaba el absolutismo real, las guerras de conquista, la miseria de los más humildes, el abandono del campo y de las pequeñas ciudades.

de los ingleses, porque son heréticos; pero si quería justificar las persecuciones que padecía el más venerable y el más moderado de los jefes de la Iglesia, el Papa Pío VII[54], lo acusaba de ser un fanático. La consigna era denunciar como partidario de la anarquía a cualquiera que emitiese una opinión filosófica del género que fuese; y si alguien de la nobleza parecía insinuar que los antiguos príncipes conocían más que los nuevos la dignidad que requiere la corte, se lo señalaba como conspirador. En fin, había que rechazar lo que tenía de bueno cada manera de ver, para construir el peor de los flagelos humanos: la tiranía en un país civilizado.

Algunos escritores han tratado de hacer una teoría abstracta del despotismo, para presentarlo con ropas nuevas, por así decir, de manera tal de darle un aire de novedad filosófica. Otros, que formaban parte del partido de los advenedizos, se zambulleron en el maquiavelismo, como si hubiese en él alguna profundidad, y presentaron el poder de los hombres de la Revolución como una garantía suficiente contra el retorno del antiguo gobierno: ¡como si sólo hubiera intereses en este mundo y la tarea de dirigir a la especie humana no tuviera nada que ver con la virtud! De esos malabarismos sólo ha subsistido cierta combinación de frases, sin el apoyo de ninguna idea auténtica, construidas, pese a todo, con toda corrección

---

[54] Barnaba Niccolò Maria Luigi Chiaramonti (1742-1823), coronado con el nombre de Pío VII el 21 de marzo de 1800. En 1801 firmó el Concordato con Francia; en 1804 consagró en Notre-Dame de París a Napoléon como Emperador de los Franceses. A partir de 1811, Napoleón, como Pío VII no se plegaba a sus deseos, lo mantuvo virtualmente prisionero, primero en Savona, luego en el castillo de Fontainebleau. En enero de 1814 Napoleón le restituyó los Estados Pontificios y le permitió regresar a Roma, donde el pueblo lo recibió triunfalmente. La resistencia serena que opuso al hombre más poderoso de su tiempo le granjeó una inmensa admiración hasta de parte de los protestantes y los ortodoxos.

gramatical, con verbos, nominativos y acusativos. *El papel lo soporta todo*, decía un hombre ingenioso. Sin duda lo soporta todo, pero los hombres no conservan el recuerdo de los sofismas y, muy felizmente para la dignidad de la literatura, ningún monumento de este arte generoso puede elevarse sobre bases falsas. Hacen falta acentos de verdad para ser elocuente, hacen falta principios justos para razonar, hace falta coraje espiritual para tener impulsos de genio; y nada semejante se puede encontrar en esos escritores que siguen a los cuatro vientos la dirección de la fuerza.

Los diarios estaban colmados de pedidos al emperador, de los paseos del emperador, de los de los príncipes y princesas, de las normas de etiqueta y de las presentaciones de la corte. Esos diarios, fieles al espíritu de servidumbre, encontraban el modo de ser insulsos en un momento de trastorno universal; y sin los boletines oficiales, que llegaban de tanto en tanto para informarnos de la conquista de la mitad de Europa, se habría podido creer que vivíamos bajo enramadas floridas, y que no había nada mejor que hacer que contar los pasos que daban las Majestades y las Altezas imperiales y reproducir las palabras encantadoras que se habían dignado dejar caer sobre las cabezas de sus súbditos prosternados. ¿Es así como los hombres de letras, los magistrados del pensamiento, deben conducirse en presencia de la posteridad?

Algunas personas, sin embargo, trataron de imprimir libros en medio de la censura de la policía; pero, ¿qué ocurrió? Una persecución como la que me obligó a huir, pasando por Moscú, para buscar asilo en Inglaterra[55]. El librero Palm fue fusilado en Alemania[56] por no querer

---

55 Huyendo de la Policía Secreta, Madame de Staël abandonó Coppet y, sin poder dirigirse a Inglaterra, y después de atravesar media Europa, llegó a Moscú en agosto de 1812.

56 El librero de Nuremberg Johann Philipp Palm (1766-1806),

delatar al autor de un folleto que había impreso. Y si no se puede citar una mayor cantidad de ejemplos de proscripciones, es porque el despotismo se ejercía con tanta determinación que todos habían terminado por someterse, como uno se somete a las terribles leyes de la naturaleza, la enfermedad y la muerte. Uno no sólo se exponía a rigores sin fin, bajo una tiranía tan decidida, sino que no podía gozar de ninguna gloria literaria en su país, cuando los diarios, tan numerosos como lo hubieran sido bajo un gobierno libre y, sin embargo, todos sometidos a un mismo lenguaje, ejercían un constante acoso con burlas ordenadas por el poder. Yo fui, por mi parte, el blanco de los periodistas franceses durante quince años: la melancolía del norte, la perfectibilidad de la especie humana, las musas románticas, las musas germánicas. El yugo de la autoridad y el espíritu de imitación le habían sido impuestos a la literatura, así como el diario oficial dictaba los artículos de fe en política. Un buen instinto de despotismo les hacía sentir a los agentes de la policía literaria que la originalidad en la manera de escribir puede conducir a la independencia del carácter, y que hay que cuidarse mucho de dejar introducir en París los libros de los ingleses y los alemanes, si no se quiere que los escritores franceses, sin dejar de respetar las reglas del buen gusto, sigan los progresos del espíritu humano en los países en que los desórdenes civiles no han frenado su avance.

En fin, de todos los dolores que hace padecer la esclavitud de la prensa, el más amargo es el de ver como se insulta en los periódicos lo que más amamos, lo que más respetamos, sin que sea posible publicar una respuesta en esas mismas gacetas, que, necesariamente, tienen más alcance popular que los libros. ¡Qué cobardía hay en los que insultan una tumba, cuando los amigos del muerto no

---

condenado a muerte por la publicación del panfleto antifrancés *Alemania y su humillación profunda*.

pueden salir en su defensa! ¡Qué cobardía en esos perio-
distuchos que atacaban también a los vivos con el
respaldo de la autoridad, y servían de vanguardia a todas
las proscripciones que el poder absoluto prodiga en
cuanto se le insinúa la menor sospecha! ¡Qué estilo el que
lleva el sello de la policía! En comparación con esta arro-
gancia, con esta bajeza, cuando leíamos algunos discursos
de los norteamericanos o los ingleses, de los hombres
públicos, en fin, que sólo buscan, al dirigirse a los demás
hombres, comunicarles sus convicciones íntimas, nos
sentíamos emocionados, como si, de pronto, un ser
abandonado, que ya no sabía dónde encontrar a un
semejante, oyese la voz de un amigo.

VII

Una frase de Bonaparte, publicada en Le Moniteur.

No bastaba con que todas las acciones de Bonaparte llevasen la impronta de un despotismo cada vez más audaz, él mismo tenía también que revelar el secreto de su gobierno, ya que despreciaba lo bastante a la especie humana para decírselo. En el mes de julio de 1810, hizo publicar en *Le Moniteur*[57] las siguientes palabras textuales, dirigidas al segundo hijo de su hermano Luis Bonaparte; ese niño estaba por entonces destinado al gran ducado de Berg[58]: *Nunca olvides* —le dijo— *que, sea cual sea la posición en que te coloquen mi política y el interés de mi imperio, tus primeros deberes los tienes para conmigo; los segundos, para con Francia; todos tus otros deberes, incluso los que tengas para con los pueblos que podría confiarte, están en un segundo plano.* No se trata aquí de un panfleto, ni de opiniones partidarias: es él, Bonaparte, quien se denuncia a sí mismo con mayor severidad de lo que la posteridad nunca se hubiera atrevido a hacerlo. A Luis XIV se lo acusó de haber dicho

---

[57] *Le Moniteur universel*, periódico francés fundado en 1789 por el escritor y editor Charles-Joseph Panckoucke; subsistió hasta 1901.

[58] El Gran Ducado de Berg y Cleves fue creado por Napoleón en 1806 y cedido a su general Joachim Murat, quien pasó a ser rey de Nápoles en julio de 1808. En marzo de 1809, Napoleón designó como heredero del Gran Ducado a su sobrino de cuatro años, Luis Napoleón Bonaparte (1804-1831).

en la intimidad: *El Estado soy yo*; y los historiadores ilustrados se han basado con razón en ese lenguaje egoísta para condenar su carácter. Pero si, cuando ese monarca colocó a su biznieto en el trono de España, le hubiera enseñado públicamente la misma doctrina que Bonaparte le enseñaba a su sobrino, el mismísimo Bossuet[59], quizás, no habría osado preferir los intereses de los reyes a los de las naciones; ¡y fue un hombre elegido por el pueblo quien quiso poner su *yo* gigantesco por encima de la especie humana! ¡Y fue a él a quien los amigos de la libertad consideraron por un instante defensor de su causa! Muchos fueron los que dijeron: es el hijo de la Revolución. Sí, sin duda, pero un hijo parricida: ¿tenían, pues, que reconocerlo?

---

[59] Jacques-Bénigne Bossuet (1627-1704), célebre hombre de iglesia y predicador francés. Sus sermones, oraciones fúnebres, libros de historia, panegíricos y meditaciones sobre el Evangelio han hecho de él uno de los mayores estilistas de la lengua francesa. Un clásico que se ha ganado, desde el siglo XVII, las más diversas admiraciones, incluyendo las de escépticos como André Gide o Paul Valéry.

VIII

Acerca de la doctrina política de Bonaparte.

Cierto día Monsieur Suard[60], el hombre de letras francés que reúne en más alto grado el sentido de la literatura con el conocimiento de la alta sociedad, comentaba con entusiasmo, delante de Napoleón, el modo en que Tácito pinta a los emperadores romanos. *Muy bien —dijo Napoleón—, pero tenía que explicarnos por qué el pueblo romano toleraba e incluso amaba a esos malos emperadores. Eso es lo que era importante dar a conocer a la posteridad.* Tratemos de no merecer, en lo que respecta al propio emperador de Francia, los reproches que éste le hacía al historiador romano.

Las dos causas principales del poder de Napoleón en Francia fueron su gloria militar, ante todo, y el arte que tuvo para restablecer el orden sin atacar las pasiones interesadas que la Revolución había hecho nacer. Pero esos dos problemas no lo eran todo.

Se dice que, en medio del Consejo de Estado, Napoleón mostraba una sagacidad universal para la discusión. Tengo algunas dudas sobre la inteligencia que se le encuentra a un hombre todopoderoso; a nosotros, simples particulares, nos cuesta más ganarnos una vida de celebridad. Sin embargo, no se es durante quince años el amo de Europa sin poseer una visión penetrante de los hom-

---

[60] Jean-Baptiste-Antoine Suard (1732-1817), periodista, traductor y crítico literario, secretario perpetuo de la Academia Francesa desde 1803.

bres y las cosas. Pero en la cabeza de Bonaparte había incoherencia, rasgo distintivo de todos aquellos que no someten sus pensamientos a la ley del deber. La naturaleza le había dado a Bonaparte el poder del mando, pero fue más porque los hombres no ejercían influencia sobre él que porque él la ejercía sobre ellos por lo que llegó a ser su amo; las cualidades que no tenía lo ayudaban tanto como las dotes que poseía, y no se hacía obedecer sin rebajar a quienes sometía. Sus éxitos son sorprendentes; sus fracasos, más sorprendentes aún; lo que hizo con la energía de la nación es admirable; el estado de entumecimiento en que la dejó apenas si puede concebirse. La multitud de hombres inteligentes de los que se sirvió es extraordinaria; pero el daño que le hacen a la libertad las personalidades que degradó es mayor que el servicio que hubieran podido prestarle todas las facultades de la inteligencia. Es a él, sobre todo, a quien puede aplicarse la bella imagen del despotismo que está en *El espíritu de las leyes*[61]: cortó el árbol de raíz para apoderarse del fruto, y quizás volvió estéril hasta el mismo suelo.

Finalmente, Bonaparte, amo absoluto de ochenta millones de hombres, sin encontrar ya oposición en ningún lado, no supo fundar ni una institución en el Estado, ni un poder estable para sí mismo. ¿Cuál es, entonces, ese principio destructor que seguía sus pasos triunfadores? ¿Cuál es? El desprecio de los hombres y, por consiguiente, de todas las leyes, de todos los estudios, de todos los cuerpos constituidos, de todas las instituciones, cuya base es el respeto por la especie humana. Bonaparte se embriagó con ese vino de baja calidad que es el maquiave-

---

[61] *De l'esprit des lois*, el tratado de teoría política publicado en Ginebra por Charles-Louis de Secondat, barón de La Brède y de Montesquieu, en 1748, y que ha servido de base al liberalismo político que propugna la separación de los poderes ejecutivo, legislativo y judicial.

lismo; en muchos aspectos, se parecía a los tiranos italianos de los siglos XIV y XV; y, como había leído poco, la instrucción no combatía en su cabeza la tendencia natural de su carácter. Como la época de la Edad Media es la más brillante de la historia de los italianos, muchos de ellos estiman en exceso las máximas de los gobiernos de aquel entonces; y todas esas máximas fueron recogidas por Maquiavelo.

Al releer últimamente, en Italia, su famoso libro *El príncipe*, que sigue encontrando creyentes entre los dueños del poder, un hecho y una conjetura nuevos me parecieron dignos de atención. Primeramente, se acaban de publicar, en 1813, las cartas de Maquiavelo, halladas entre los manuscritos de la Biblioteca Barberini[62], que prueban de manera concreta que publicó *El príncipe* para volver a estar en buenos términos con los Médicis. Lo habían sometido a la tortura debido a sus esfuerzos en favor de la libertad; se encontraba en la ruina, enfermo y sin recursos; transigió, pero después de ser torturado: en realidad, en nuestros días hay quienes ceden por menos que eso.

Este tratado del *Príncipe*, en el que desgraciadamente se aprecia la inteligencia superior que Maquiavelo había desarrollado en la lucha por una mejor causa, no fue compuesto, como se ha creído, para hacer detestar el despotismo mostrando los horrendos recursos que tienen que emplear los déspotas para mantenerse en el poder. Es una suposición demasiado rebuscada para que la admitamos. Me parece, más bien, que Maquiavelo, que detestaba más que todo el yugo extranjero en Italia, toleraba e incluso alentaba los medios, cualesquiera que fuesen, de que podían servirse los príncipes locales para ser los

---

[62] Biblioteca fundada en Roma por el cardenal Francesco Barberini (1597-1679), sobrino del Papa Urbano VIII, en el Palacio Barberini. La célebre biblioteca fue comprada por el Papa León XIII en 1902 y hoy forma parte de la Biblioteca Vaticana.

amos, con la esperanza de que un día fueran lo suficientemente fuertes como para expulsar a las tropas alemanas y francesas. Maquiavelo analiza el arte de la guerra en sus escritos, tal como podrían hacerlo los hombres del oficio; insiste sin cesar en la necesidad de una organización militar puramente nacional; y si ensució su vida por la indulgencia que tuvo con los crímenes de los Borgias, quizás fuese porque se dejaba llevar en demasía por la necesidad de intentarlo todo para recuperar la independencia de su patria. No cabe duda de que no fue éste el punto de vista con el que Bonaparte examinó *El príncipe*, sino que en él buscó lo que sigue pareciéndoles profundo a las almas vulgares: el arte de engañar a los hombres. Esta política tiene que caer a medida que la ilustración se extienda; así es como la creencia en la brujería ya no existe, desde que se descubrieron las auténticas leyes de la física.

Cualquier principio general, fuera cual fuera, le desagradaba a Bonaparte, como si se tratase de una tontería o un enemigo. Sólo escuchaba las consideraciones del momento, y examinaba las cosas sólo bajo su aspecto de utilidad inmediata, ya que hubiera querido que el mundo entero le pagase una renta vitalicia. No era sanguinario, sino indiferente a la vida de los hombres. Sólo la consideraba como un medio para llegar a sus fines, o como un obstáculo que tenía que apartar de su camino. Ni siquiera era tan colérico como a menudo parecía serlo: quería asustar con sus palabras para ahorrarse los hechos mediante la amenaza. Todo en él era medio u objetivo; lo involuntario no se hallaba en ninguna parte, ni en el bien ni en el mal. Se afirma que dijo: *Tengo tal cantidad de conscriptos para gastar por año.* Es una frase verosímil, ya que Bonaparte, a menudo, despreciaba lo bastante a sus interlocutores como para complacerse en un género de sinceridad que no es más que desvergüenza.

Nunca creyó en los sentimientos elevados, ya fuesen de los individuos o de las naciones; a la expresión de tales sentimientos la consideró mera hipocresía. Pensaba que poseía la clave de la naturaleza humana gracias al temor y a la esperanza, hábilmente presentados a los egoístas y a los ambiciosos. Hay que admitirlo: su perseverancia y su actividad nunca tenían descanso cuando se trataba de los menores intereses del despotismo; pero era ese mismo despotismo el que caería sobre su cabeza. Una anécdota, en la que tuve alguna participación, puede ofrecer un dato adicional sobre el sistema de Bonaparte, en lo que se refiere al arte de gobernar.

El duque Melzi[63], que fue durante cierto tiempo vicepresidente de la República Cisalpina[64], era uno de los hombres más distinguidos que Italia, tan fecunda en todo tipo de cosas, ha producido. Hijo de madre española y padre italiano, reunía la dignidad de una nación con la vitalidad de la otra; y no sé si sería posible nombrar, incluso en Francia, un hombre que fuese más notable por su conversación, y por el talento, aún más importante y necesario, para conocer y juzgar a todos los que desempeñaban algún papel político en Europa. El Primer Cónsul se vio en la necesidad de darle un puesto, porque gozaba del mayor crédito entre sus conciudadanos y porque nadie ponía en duda la fidelidad que tenía a su patria. A Bonaparte no le gustaba valerse de hombres desinteresados y poseedores de principios inconmovibles, cualesquiera que éstos fuesen; de modo que no dejaba de rondar en torno a Melzi con la intención de corromperlo.

Después de hacerse coronar rey de Italia, en 1805, Bonaparte se presentó ante el Órgano Legislativo de Lombardía y le dijo a la asamblea que quería darle grandes extensiones de tierra al duque de Melzi, como recono-

---

[63] Francesco Melzi d'Eril, conde de Magenta y duque de Lodi (1753-1816), vicepresidente de la República Italiana (ex República Cisalpina), hasta su transformación, en 1805, en el Reino de Italia. Ver, también, nota nº 25.

[64] Ver nota nº 25.

cimiento público hacia su persona: de tal modo pensaba hacerlo menos popular. Como yo me encontraba por entonces en Milán, vi esa noche al señor Melzi, quien se sentía realmente desesperado por la pérfida jugarreta que Napoleón le había hecho, sin ninguna advertencia previa; y como a Bonaparte lo hubiera irritado una negativa, le aconsejé al señor Melzi que destinase de inmediato a una institución pública las rentas con que pretendían abrumarlo. Siguió mi consejo; y al día siguiente, mientras paseaba con el Emperador, le comunicó su intención. Bonaparte lo tomó del brazo y exclamó: *Lo que usted me está diciendo es una idea de Madame de Staël; apuesto a que es así. Pero no caiga, créame, en esa filantropía novelesca del siglo XVIII: lo único que hay que hacer en este mundo es adquirir cada vez más dinero y poder; todo el resto es quimera.* Muchas personas dirán que Bonaparte tenía razón; yo creo, por el contrario, que la historia mostrará que, al fijar esta doctrina, al desligar a los hombres del honor en cualquier otro lugar que no fuera el campo de batalla, preparó a sus partidarios para que, de acuerdo con sus propios preceptos, lo abandonaran cuando dejara de ser el más fuerte. De modo tal que puede jactarse de haber tenido mayor cantidad de discípulos fieles a su sistema que de abnegados servidores en la desgracia. Consagraba su política por medio del fatalismo, única religión que puede estar en armonía con la aceptación de los cambios de fortuna; y como su prosperidad iba siempre en aumento, terminó transformándose en el sumo sacerdote y en el ídolo de su propio culto, creyendo en sí mismo como si sus deseos fueran presagios y sus designios oráculos.

La duración del poder de Bonaparte era una lección de inmoralidad continua: si siempre hubiera tenido éxito, ¿qué habríamos podido decirles a nuestros hijos? Sin duda, siempre nos habría quedado el goce religioso de la resignación, pero la masa de los habitantes de la tierra habría buscado en vano las intenciones de la Providencia en los asuntos humanos.

Sin embargo, en 1811 los alemanes seguían llamando a Bonaparte "el hombre del destino"; incluso la imaginación de algunos ingleses se había visto sacudida por sus dotes extraordinarias. Polonia e Italia esperaban aún que él les diese la independencia, y la hija de los Césares se había convertido en su esposa. Ese insigne honor le causó como un arrebato de alegría, algo ajeno a su naturaleza; y, durante algún tiempo, se pudo creer que aquella ilustre compañera podría cambiar el carácter del hombre que el destino había acercado a ella. En esa época, lo único que todavía le hacía falta a Bonaparte para ser el mayor soberano del mundo era un sentimiento decente: ya fuese el amor paterno, que inclina a los hombres a cuidar la herencia de sus hijos; ya fuese la piedad por esos franceses que se hacían matar por él a la menor seña; ya fuese la equidad para con las naciones extranjeras, que lo miraban atónitas; ya fuese, en fin, esa especie de sabiduría que hay naturalmente en todo hombre cuando, en medio de la vida, ve acercarse las grandes sombras que pronto lo cubrirán: una virtud, una sola virtud, y eso ya era suficiente para que todas las prosperidades humanas se detuviesen sobre la cabeza de Bonaparte. Pero la chispa divina no existía en su corazón.

El triunfo de Bonaparte, tanto en Europa como en Francia, se basaba por entero en un gran equívoco que perdura aún en muchas personas. Los pueblos se obstinaban en considerarlo el defensor de sus derechos, en el momento en que era el mayor enemigo de éstos. La fuerza de la Revolución de Francia, de la que era heredero, era inmensa, porque estaba compuesta por la voluntad de los franceses y el anhelo secreto de las demás naciones. Napoleón se valió de esa fuerza, durante muchos años, en contra de los antiguos gobiernos, antes de que los pueblos se diesen cuenta de que en esa cuestión ellos no entraban. Los mismos nombres seguían subsistiendo: seguía existiendo Francia, antaño el foco de los principios populares;

y aunque Napoleón destruyó las repúblicas e incitó a los reyes y a los príncipes a cometer actos tiránicos, contrarios, incluso, a su moderación natural, se seguía creyendo que todo aquello desembocaría en la libertad, y él mismo a menudo hablaba de constitución, al menos cuando se trataba del futuro reinado de su hijo. No obstante, el primer paso que Napoleón dio en dirección a su ruina fue su empresa contra España[65], porque allí se encontró con una resistencia nacional, la única de la que no supieron librarlo ni el arte ni la corrupción de la diplomacia. No sospechó el peligro que podía hacerle correr a su ejército una guerra de pueblos y montañas; no creía en el poder del alma; contaba las bayonetas; y como, antes de la llegada de los ejércitos ingleses, casi no las había en España, no supo temer al único poder invencible: el entusiasmo de todo un pueblo. "Los franceses", decía Bonaparte, "son máquinas nerviosas"; y con esto quería explicar la mezcla de obediencia y movilidad que tienen por naturaleza. Este reproche quizás sea justo; pero, sin embargo, es cierto que una perseverancia invencible, desde hace casi treinta años, se halla en el fondo de esos defectos, y fue gracias a que trató con miramientos la idea dominante como Bonaparte pudo reinar. Los franceses creyeron, durante mucho tiempo, que el gobierno imperial los preservaba de las instituciones del Antiguo Régimen, por las que sienten un odio particular. También, durante mucho tiempo, confundieron la causa de la Revolución con la de un nuevo amo. Muchas personas de buena fe se dejaron seducir por esta idea; otras siguieron usando el mismo lenguaje, aun cuando no tenían la misma opinión; y sólo muy tardíamente la nación se desinteresó de Bonaparte. A partir de ese día, el abismo se abrió bajo sus pasos.

---

[65] Ver nota nº 39.

IX

Embriaguez del poder; derrota y abdicación de Bonaparte.

"Esta vieja Europa me aburre", decía Napoleón, antes de partir para Rusia. En efecto, ya no encontraba en ninguna parte obstáculo a su voluntad, y la inquietud de su carácter necesitaba un nuevo alimento. Quizás también se alteraron la fuerza y la claridad de su juicio, cuando los hombres y las cosas se doblegaron tanto ante él que ya no necesitó hacer actuar su pensamiento sobre ninguna de las dificultades de la vida. En el poder sin límites hay una suerte de vértigo que se apodera tanto del genio como de la tontería, y lleva a la ruina al uno y a la otra.

La etiqueta oriental que Bonaparte había establecido en su corte interceptaba las luces que se pueden recibir mediante las comunicaciones fáciles de la vida social. Cuando había cuatrocientas personas en su salón, un ciego podría haber creído que estaba solo, ¡hasta tal punto era profundo el silencio que allí se guardaba! Los mariscales de Francia, en medio de las fatigas de la guerra, en el momento crítico de alguna batalla, entraban en la tienda del emperador para recibir sus órdenes y no se les permitía sentarse. Su familia no padecía menos que los extraños su despotismo y su altivez. Lucien[66] prefirió

---

[66] Lucien Bonaparte (1775-1840), el menor de los hermanos de Napoleón y el menos sumiso a la voluntad de este último. Después de jugar un papel esencial en la preparación del 18 de Bru-

78

vivir prisionero en Inglaterra antes que reinar bajo las órdenes de su hermano. Luis Bonaparte[67], cuyo carácter todos estiman, se vio obligado, por su misma probidad, a renunciar a la corona de Holanda; y, ¿podrá creerse?, cuando hablaba con su hermano durante dos horas, a solas, obligado por su mala salud a apoyarse penosamente contra la pared[68], Napoleón no le ofrecía una silla; él mismo permanecía de pie, por temor a que alguien tuviese la idea de familiarizarse lo bastante con él como para sentarse en su presencia.

Tal temor causaba en los últimos tiempos que nadie, por ningún motivo, era el primero en dirigirle la palabra. A veces conversaba con la mayor sencillez en medio de su corte y en su Consejo de Estado. Toleraba que se lo contradijese, incluso alentaba a hacerlo, cuando se trataba de cuestiones administrativas o judiciales sin relación con su poder personal. Entonces era algo digno de verse el

---

mario y ser ministro del interior bajo el Consulado, se enemistó definitivamente con Napoleón por su decisión de casarse en 1803 con una joven viuda, Alexandrine de Bleschamps, que no era del agrado de aquél. Se exilió en Roma, bajo la protección de Pío VII, y en 1810, después de la ocupación francesa de los Estados Pontificios, intentó exiliarse en los Estados Unidos de América; pero el barco fue interceptado por los ingleses, que lo mantuvieron prisionero hasta 1814. En Inglaterra escribió el poema épico *Charlemagne ou l'Église sauvée*, que dedicó a Pío VII y le valió ser nombrado por éste príncipe de Canino.

[67] Luis Bonaparte (1778-1846), rey de Holanda entre 1806 y 1810 con el nombre de Luis Napoleón. Su breve reinado se caracterizó por la búsqueda constante del bien del pueblo holandés por encima de la fidelidad a su hermano —negándose, por ejemplo, a establecer en Holanda el servicio militar obligatorio. En 1810 abdicó al trono y huyó a Viena. Pasó el resto de su vida en el exilio dedicado a la historia y la literatura, primero en Suiza, luego en Roma (acogido por Pío VII) y, finalmente, en Florencia.

[68] Luis Bonaparte padecía de fuertes reumatismos.

enternecimiento de aquéllos a los que, por un momento, había devuelto la libertad de respirar; pero cuando volvía a aparecer el amo, era inútil pedirles a los ministros que le presentasen al emperador un informe en contra de una medida injusta. Aun cuando se tratase de la víctima de un error, de algún individuo atrapado por azar en la gran red tendida sobre la especie humana, los agentes del poder ponían como objeción la dificultad de dirigirse a Napoleón, como si tuvieran que vérselas con el Gran Lama. Un tal estupor causado por el poder habría hecho reír si el estado en que se encontraban los hombres, sin apoyo alguno bajo aquel despotismo, no hubiera inspirado la más profunda piedad.

Los elogios, los himnos, las adoraciones innumerables y desmedidas que llenaban las gacetas, tendrían que haber cansado a un hombre de una inteligencia tan trascendente; pero el despotismo de su carácter era más fuerte que su propia razón. Le gustaban menos las alabanzas auténticas que las lisonjas serviles, porque en las primeras sólo se habría visto su mérito, en tanto que las segundas daban testimonio de su autoridad. Por lo general, prefirió el poder a la gloria; ya que la acción de la fuerza le gustaba demasiado para que se ocupase de la posteridad, sobre la cual no se la puede ejercer. Pero uno de los resultados del poder absoluto que más contribuyó a hacer caer del trono a Bonaparte fue que, poco a poco, ya nadie se atrevió a decirle la verdad sobre nada. Terminó ignorando que hacía frío en Moscú a partir del mes de noviembre, porque nadie, entre sus cortesanos, fue lo suficientemente romano para atreverse a decirle algo tan simple.

En 1811, Napoleón había hecho publicar y desmentir al mismo tiempo, en *Le Moniteur*, una nota secreta, impresa en los diarios ingleses, como si hubiera sido dirigida por su ministro de relaciones exteriores al embajador de Rusia. En ella se decía que Europa no podría vivir en paz mientras subsistiesen Inglaterra y su constitución. Fuese o no auténtica, esa nota por lo menos llevaba el sello de la escuela de Napoleón, y ciertamente expresaba su pensamiento. Un instinto del que no podía darse cuenta le hacía saber que, mientras existiese un foco de justicia y de libertad en el mundo, el tribunal que un día habría de condenarlo estaba en sesión permanente.

Bonaparte unía quizás, a la loca idea de la guerra de Rusia, la de la conquista de Turquía, la del regreso a Egipto[69] y la de algunos intentos contra los establecimientos de los ingleses en India; tales eran los proyectos gigantescos con los que se dirigió a Dresde la primera vez[70], arrastrando con él a los ejércitos de todo el continente europeo, a los que obligaba a marchar contra la poderosa nación que limita con Asia. Los pretextos eran poca cosa para un hombre que había alcanzado semejante grado de poder; sin embargo, era necesario adoptar para la expedición a Rusia una frase que se pudiese dar como consigna a los cortesanos. Esa frase era *que Francia se veía obligada a hacerle la guerra a Rusia, porque ésta no respetaba el bloqueo continental contra Inglaterra*. Ahora bien, entre tanto, el mismo Bonaparte otorgaba todo el tiempo licencias en París para poder realizar intercambios con los negociantes de Londres; y el emperador de Rusia habría podido, con más derecho, declararle la guerra por no cumplir con el tratado por el cual ambos se habían comprometido a no hacer ningún tipo de comercio con los ingleses. Pero ¿quién se tomaría hoy el trabajo de justificar semejante guerra? Nadie, ni siquiera Bonaparte;

---

[69] Napoleón, enviado por el gobierno del Directorio y a la cabeza del Ejército de Oriente, desarrolló la célebre campaña de Egipto en 1798 y 1799.

[70] En mayo de 1812, Napoleón se dirigió a Dresde para reunirse con el rey de Prusia, el emperador de Austria, la reina de Westfalia, el gran duque de Wurzburg y los príncipes de Sajonia-Weimar, Sajonia-Coburgo y Dessau, antes de encabezar la invasión de Rusia. Ver también nota nº 40.

ya que su respeto por el éxito es tal que tiene que condenarse a sí mismo por haber sufrido tan grandes reveses.

Sin embargo, el prestigio de la admiración y del terror que inspiraba Napoleón era tan grande que casi nadie dudaba de sus triunfos. Mientras estaba en Dresde, en 1812, rodeado por todos los soberanos de Alemania y al mando de un ejército de quinientos mil hombres, formado por casi todas las naciones europeas, parecía imposible, de acuerdo con los cálculos humanos, que su expedición terminara en un fracaso. En efecto, la Providencia se hizo, con su caída, mucho más visible al mundo que en cualquier otro acontecimiento, y los elementos tuvieron a su cargo ser los primeros en golpear al amo de los hombres. Apenas es posible imaginar hoy que, si Bonaparte hubiera tenido éxito en su empresa contra Rusia, no habría quedado un sólo rincón de tierra en el continente en que poder escapar de él. Como todos los puertos estaban cerrados, el continente se hallaba, como la torre de Ugolino[71], amurallado por los cuatro costados.

Como un prefecto muy dócil ante el poder me había amenazado con la cárcel si yo llegaba a mostrar la más ligera intención de alejarme por un día de mi casa, me escapé de Francia en el momento en que Bonaparte estaba a punto de entrar en Rusia, ya que temía no encontrar cómo salir de Europa si tardaba en hacerlo. Sólo me quedaban ya dos caminos para ir a Inglaterra: Constantinopla o San Petersburgo. La guerra entre Rusia y Turquía[72] volvía casi imposible pasar por este último

---

[71] Ugolino della Gherardesca (1220-1289), tirano crudelísimo de Pisa que, una vez depuesto, fue condenado a morir de hambre encerrado en una torre con sus cuatro hijos, a los que, según la leyenda, habría devorado. Es uno de los grandes personajes que Dante encuentra en el círculo de los traidores del *Infierno* (canto XXXIII).

[72] La llamada Octava Guerra ruso-turca, de 1806 a 1812, tuvo su origen en el apoyo inicial de Rusia a la revuelta de los patriotas serbios contra el Imperio Otomano, antes de ser aban-

país; yo no sabía qué sería de mí, cuando el emperador Alejandro tuvo la amabilidad de enviarme a Viena un pasaporte. Al entrar en su imperio, cuyo carácter de absoluto todo el mundo reconoce, me sentí libre por primera vez desde el comienzo del reinado de Bonaparte, no sólo debido a las virtudes personales del emperador Alejandro sino porque Rusia era el único país en que Napoleón no hacía sentir su influencia. No hay ningún gobierno antiguo que se pueda comparar a esa tiranía injertada en una revolución, a esa tiranía que se valió del desarrollo mismo de las luces para mejor aherrojar toda clase de libertad.

Me propongo escribir algún día lo que he visto de Rusia[73]. No obstante, diré, sin apartarme de mi tema, que es un país mal conocido, porque casi no se ha observado de esa nación más que un número reducido de hombres de la corte, cuyos defectos son tanto mayores cuanto que el poder del soberano está menos limitado. En la mayor parte de los casos sólo sobresalen por el intrépido coraje que es común a todas las clases; pero los campesinos rusos, esa nutrida parte de la nación que sólo conoce la tierra que cultiva y el cielo que contempla, tienen algo de realmente admirable. La afabilidad de esos hombres, su hospitalidad, su elegancia natural, son extraordinarias; para su modo de ver, los peligros no existen; no creen que haya nada imposible cuando su amo lo ordena. Esta palabra, amo, que los cortesanos transforman en objeto de adulación y de cálculo, no produce el mismo efecto en un pueblo casi asiático. El monarca, como jefe del culto, forma parte de la religión; los campesinos se prosternan

---

donados a su suerte por el Tratado de Bucarest, que puso fin a la guerra en mayo de 1812.

[73] Se trata de la obra póstuma e inconclusa *De la Russie et des royaumes du Nord*; páginas que deslumbraron a Pushkin por la justeza con que Madame de Staël había intuido el alma del pueblo ruso.

en presencia del emperador, del mismo modo en que saludan la iglesia delante de la que pasan; ningún sentimiento servil se mezcla con lo que expresan en ambos casos.

Gracias a la sabiduría ilustrada del soberano actual, todas las mejoras posibles se llevarán a cabo gradualmente en Rusia. Pero no hay nada más absurdo que los discursos que, por lo común, repiten los que temen las luces de Alejandro. "¿Por qué —dicen— este emperador, que tanto entusiasma a los amigos de la libertad, no establece en su país el régimen constitucional que aconseja a los demás?". Ésta es una de las mil y una astucias de los enemigos de la razón humana: querer impedir lo que es posible y deseable para una nación, pidiendo aquello que actualmente no lo es en otra. Todavía no existe un Tercer Estado[74] en Rusia: ¿cómo podría, entonces, crearse allí un gobierno representativo? Falta casi del todo la clase intermedia entre los boyardos[75] y el pueblo. Se podría aumentar el peso político de los grandes señores y deshacer, en lo que a esto se refiere, la obra de Pedro I[76]; pero esto sería retroceder en lugar de avanzar, ya que el poder del emperador, por muy absoluto que sigue siendo, es una mejora social si se lo compara con lo que era antaño la aristocracia rusa. En lo que respecta a la civilización, Rusia recién se encuentra en esa época de la historia en la que, por el bien de las naciones,

---

[74] El nombre con que el abate Sieyès había calificado a la burguesía en un famoso panfleto prerrevolucionario publicado en enero de 1789: *Qu'est-ce que le Tiers-État ?*

[75] Nombre con que se designaba a los miembros de la nobleza en los países no griegos de religión ortodoxa de Europa del Este y Rusia, antes de que se introdujeran los títulos de nobleza de Europa occidental en el siglo XVII.

[76] Pedro I de Rusia (1672-1725) llevó a cabo una política expansionista que, sumada a una serie de profundas reformas, transformó a Rusia en una potencia europea.

era necesario limitar el poder de los privilegiados mediante el poder de la corona. Treinta y seis religiones, incluyendo los cultos paganos, treinta y seis pueblos diferentes están, no reunidos, sino esparcidos en un territorio inmenso. Por una parte, el culto griego es compatible con una tolerancia perfecta, y por la otra, el vasto espacio que ocupan los hombres les deja a todos la libertad de vivir de acuerdo con sus costumbres. En este orden de cosas, no existen todavía luces que puedan concentrarse, individuos que puedan hacer funcionar las instituciones. El único lazo que une a pueblos casi nómadas, y cuyas casas parecen cabañas de madera levantadas en la llanura, es el respeto por el monarca y el orgullo nacional; el tiempo desarrollará en lo sucesivo otros lazos.

Yo me encontraba en Moscú exactamente un mes antes de que entrase el ejército de Napoleón, y no me atreví a permanecer allí mucho rato, temiendo ya su llegada[77]. Mientras me paseaba en lo alto del Kremlin, el palacio de los antiguos zares que domina la inmensa capital de Rusia y sus mil ochocientas iglesias, pensaba que le había sido concedido a Bonaparte ver los imperios a sus pies, así como Satanás se los ofreció a Nuestro Señor. Pero cuando ya no le quedaba nada por conquistar en Europa, el destino lo atrapó para hacerlo caer tan rápidamente como se había elevado. Quizás desde entonces ha aprendido que, sean cuales sean los acontecimientos de las primeras escenas, existe un poder de virtud que siempre vuelve a aparecer en el quinto acto de las tragedias; así como, en el mundo antiguo, un dios cortaba el nudo cuando la acción era digna de ello.

La perseverancia admirable del emperador Alejandro, al rechazar la paz que Bonaparte le ofrecía, de acuerdo con su costumbre, cuando resultó vencedor, y la energía de los rusos, que prendieron fuego a Moscú para que el martirio de una ciudad salvase al mundo cristiano, contri-

---

[77] Ver nota n° 55.

buyeron ciertamente en mucho a los reveses que las tropas de Bonaparte sufrieron durante la retirada de Rusia. Pero era el frío, ese frío del infierno, tal como lo pinta Dante[78], el único que podía aniquilar al ejército de Jerjes[79].

Nosotros, que tenemos el corazón francés, nos habíamos acostumbrado, sin embargo, durante los quince años de la tiranía de Napoleón, a considerar sus ejércitos establecidos del otro lado del Rin como si no pertenecieran más a Francia; ya no defendían los intereses de la nación, sólo estaban al servicio de la ambición de un único hombre; en todo aquello no había nada que pudiera despertar el amor por la patria; y, lejos de desear entonces el triunfo de esas tropas, se podían incluso considerar sus derrotas como una suerte para Francia. Por otra parte, cuanto más ama uno la libertad en su país, tanto más imposible resulta alegrarse con las victorias que tienen como resultado la opresión de los demás pueblos. Pero, sin embargo, ¿quién podría oír el relato de los males que abrumaron a los franceses en la guerra de Rusia sin que se le haga pedazos el corazón[80]?

¡Hombre increíble! Vio sufrimientos que somos incapaces de abordar con el pensamiento; supo que los granaderos franceses, de los que Europa aún habla con respeto, se habían vuelto el juguete de unos pocos judíos,

---

[78] En el canto XXXIV del *Infierno*, Dante presenta a Lucifer como un gigante de tres rostros hundido en el hielo hasta la mitad del pecho.

[79] Jerjes I, llamado el Grande (519-465 a. C.), quinto Gran Rey del Imperio Aqueménida. Invadió Grecia durante la llamada Segunda Guerra Médica. Las victorias griegas en Salamina, Platea y Mícala pusieron fin a la invasión.

[80] Ver el relato breve de Balzac *Adiós*, uno de los mejores ecos en la literatura francesa de "los males que abrumaron a los franceses en la guerra de Rusia".

de algunas viejas mujeres de Vilna[81], ¡hasta tal punto los había abandonado la fuerza física, mucho antes de que les llegase la muerte! De ese ejército Bonaparte recibió muestras de respeto y de adhesión, cuando uno tras otro perecían por él; ¡y seis meses más tarde rechazó, en Dresde, una paz que lo hubiera hecho dueño de Francia hasta el Rin y de toda Italia! Después de la retirada de Rusia, fue rápidamente a París a reunir nuevas fuerzas. Para ello, con una firmeza más teatral que natural, atravesó Alemania, donde se lo odiaba pero aún se lo temía. En su último boletín había dado cuenta de los desastres de su ejército, más bien exagerándolos en vez de disimularlos. Es un hombre al que le gusta tanto causar emociones fuertes que, cuando no puede ocultar sus reveses, los exagera para ponerse siempre por encima de los demás. Durante su ausencia, se intentó en su contra la conspiración más generosa que muestra la Revolución de Francia, la conspiración de Malet[82]. Por tal motivo, ésta le produjo más terror que la coalición europea misma. ¡Ah,

---

[81] Después del cruce del Berésina, Napoleón se dirigió a Vilna (la antigua capital de Lituania), adonde llegó con la guardia imperial y algunos de sus generales el 6 de diciembre de 1812, antes de dirigirse a Francia. Miles de soldados siguieron llegando a Vilna, ciudad que había sido incendiada por el ejército ruso cinco meses antes. Se calcula que, al menos, 37.000 soldados del que había sido el gran Ejército murieron en Vilna durante ese invierno.

[82] El general Claude-François Malet (1754-1812), detenido por conspirar contra Napoleón desde 1809, planificó un golpe de Estado durante la Campaña de Rusia. La noche del 22 de octubre de 1812, Malet, con el apoyo de los generales Guidal y Lahorie, anunció que Napoleón había muerto en Moscú el 14 de octubre y trató de formar nuevo gobierno. Aunque en un principio tuvo éxito, unas horas más tarde fue detenido en el Estado Mayor y encarcelado junto con sus cómplices. Juzgados por un consejo de guerra, los tres generales fueron fusilados en la llanura de Grenelle el 29 de octubre de 1812.

por qué no habrá tenido éxito esa conjura patriótica! Francia hubiera conocido la gloria de liberarse por sí misma, y no habrían sido las ruinas de la patria las que hubieran aplastado a su opresor.

El general Malet era un amigo de la libertad, ése era el terreno en que combatía a Bonaparte. Ahora bien, Bonaparte sabía que no existía para él un terreno más peligroso; de modo que, al regresar a París, sólo hablaba de la *ideología*[83]. Tenía horror a esa palabra tan inocente, porque significa la teoría del pensamiento. Sin embargo, era curioso que sólo temiese a los que él llamaba *ideólogos*, cuando Europa entera se levantaba en armas contra él. Habría estado bien que, como consecuencia de ese temor, hubiera buscado por sobre todas las cosas ganarse la estima de los filósofos: pero detestaba a todo individuo capaz de una opinión independiente. Incluso en lo que concierne simplemente a la política, creyó en demasía que sólo se gobierna a los hombres mediante el interés; esa vieja máxima, por común que sea, es a menudo falsa. La mayor parte de los hombres a los que Bonaparte colmó de cargos y de dinero desertaron su causa; y sus soldados, unidos a él por sus victorias, nunca lo abandonaron. Se burlaba del entusiasmo y, sin embargo, fue el entusiasmo o, al menos, el fanatismo militar el que lo sostuvo. El frenesí de los combates, que, en sus mismos excesos, posee grandeza, constituyó la única fuerza de Bonaparte.

Las naciones no pueden equivocarse: un príncipe perverso jamás ejerce por mucho tiempo su poder sobre la masa; los hombres sólo son malos si se los toma por

---

[83] La palabra proviene de la *Sociedad de los ideólogos*, grupo fundado en 1795 por el filósofo materialista y ateo Antoine Desttut de Tracy (1754-1836), inspirador de Stendhal y de Karl Marx. La *ideología* pretendía constituir un nuevo estudio de las ideas, realizado con rigor científico. El grupo apoyó inicialmente a Napoleón, pero se pasó a la oposición después del golpe de Estado del 18 de Brumario.

separado.

Bonaparte hizo un milagro, o, más bien, la nación lo hizo por él. A pesar de las pérdidas inmensas sufridas por Napoleón en Rusia, la nación creó, en menos de tres meses, un nuevo ejército que pudo marchar hacia Alemania y ganar nuevas batallas. Entonces el demonio del orgullo y de la locura se apoderó de Bonaparte, de modo tal que el razonamiento basado en su propio interés ya no es capaz de explicar los motivos de su conducta: fue en Dresde donde no supo reconocer la última aparición de su genio tutelar.

Los alemanes, indignados desde hacía mucho tiempo, se sublevaron, por fin, contra los franceses que ocupaban su país; el orgullo nacional, esa gran fuerza de la humanidad, volvió a aparecer entre los hijos de los germanos. Bonaparte supo entonces lo que ocurre con los aliados obligados por la fuerza, y hasta qué punto todo lo que no es voluntario queda destruido con el primer revés. Los soberanos de Alemania combatieron con la intrepidez de los soldados rasos, y se creyó ver en los prusianos y en su rey guerrero el recuerdo del insulto personal que Bonaparte había hecho sufrir, años atrás, a su bella y virtuosa reina[84].

La liberación de Alemania era, desde hacía mucho tiempo, el gran deseo del emperador de Rusia. Una vez expulsados los franceses de su país, Alejandro se consagró a esa causa, no sólo como soberano sino como general; y varias veces expuso su vida, no como monarca protegido por sus cortesanos, sino como soldado intrépido. Holanda acogió a sus liberadores y volvió a llamar a la casa de

---

[84] Luise Auguste Wilhelmine Amalie von Mecklenburg-Strelitz (1776-1810), reina consorte de Prusia entre 1797 y 1810, por su matrimonio con Federico Guillermo III; célebre por su conducta heroica durante las guerras contra Napoléon y por haber negociado personalmente con éste, en 1807, la Paz de Tilsit, en la que Prusia, pese a la habilidad diplomática de la reina, perdió casi la mitad de su territorio.

Orange, cuyos príncipes son ahora, como antiguamente, los defensores de la independencia y los magistrados de la libertad[85]. Hay que señalar también la influencia que pudieron tener en esa época las victorias de los ingleses en España, y en otro momento hablaremos de Lord Wellington[86], ya que hay que detenerse en ese nombre, no se lo puede pronunciar de paso.

Bonaparte regresó a París, y todavía en ese momento Francia podía salvarse. Cinco miembros del Cuerpo Legislativo, Gallois[87], Raynouard[88], Flangergues[89], Maine de Biran[90] y Lainé[91], pidieron por la paz, poniendo en riesgo sus vidas; de cada uno de ellos podría señalarse un mérito particular; y el último que he nombrado, Lainé, perpetúa cada día, con sus dotes y su conducta, el recuerdo de una acción que bastaría para honrar el carácter de un hombre.

---

[85] En 1813 los Países Bajos recuperaron la independencia y el gobierno provisorio llamó a Guillermo Federico de Orange-Nassau (1772-1843) para ocupar el trono. El reino de los Países Bajos, que reunía los territorios de las Siete Provincias Unidas de los Países Bajos, los Países Bajos del Sur y el Principado de Lieja (la actual Bélgica), fue oficializado por el Congreso de Viena en 1815.

[86] Arthur Wellesley, duque de Wellington (1769-1852), dirigió las operaciones militares contra Napoleón en Portugal y España. El 18 de junio de 1815 venció definitivamente a Napoleón en Waterloo, con el apoyo de las divisiones prusianas del mariscal Gebhard Leberecht von Blücher (1742-1819).

[87] Jean-Antoine Gallois, seudónimo de Jean-Antoine Gauvin (1761-1828), literato y político francés.

[88] François-Just-Marie Raynouard (1761-1836), historiador, dramaturgo y traductor de la poesía de los trovadores.

[89] Oscuro diputado del Cuerpo Legislativo, que sólo parece haber dejado memoria por hacer este pedido.

[90] Pierre Maine de Biran (1766-1824), filósofo precursor de la psicología.

[91] Joseph-Henri-Joachim Lainé (1768-1835), abogado; miembro del Cuerpo Legislativo desde 1808.

Si el Senado hubiera secundado a esos cinco miembros del Cuerpo Legislativo, si los generales hubieran apoyado al Senado, Francia hubiera sido dueña de su destino y, fuera cual fuera el partido que tomase, habría seguido siendo Francia. Pero quince años de tiranía desnaturalizan todas las ideas, degradan todos los sentimientos; los mismos hombres que arriesgarían noblemente su vida en la guerra, no saben que el mismo honor y el mismo coraje ordenan, en la vida civil, resistir al enemigo de todos: el despotismo.

Bonaparte respondió a la delegación del Cuerpo Legislativo con una rabia concentrada; habló mal, pero su orgullo se abrió paso a través del lenguaje enrevesado que usó. Dijo que *Francia tenía más necesidad de él, que él de ella*; olvidando que era él quien la había reducido a ese estado. Dijo *que un trono no era más que un pedazo de madera sobre el que se extiende un tapizado, y que todo dependía de quien lo ocupaba*; en fin, siguió mostrándose embriagado de sí mismo. Sin lo cual, una anécdota curiosa dejaría creer que ya padecía ese entumecimiento que mostró su carácter durante la última crisis de su vida política. Un hombre enteramente digno de fe me dijo que, hablando a solas con él, la víspera de su partida para el ejército, en el mes de enero de 1814, cuando los aliados ya habían entrado en Francia, Bonaparte confesó, en esa conversación secreta, que no tenía modo alguno de resistir; su interlocutor se opuso a este punto de vista, Bonaparte le presentó del modo más claro la mala situación, y después, cosa inaudita, se quedó dormido mientras hablaba de semejante tema, sin que ninguna fatiga precedente explicase esa extraña apatía. No por eso dejó de desplegar después una extrema actividad en su campaña de 1814; es posible, también, que se haya dejado ganar nuevamente por una confianza presuntuosa; por otra parte, la existencia física, a fuerza de placeres y facilidades, se había apoderado de ese hombre tan dominado, en otros tiempos, por su pensamiento. Por decirlo de algún modo, tanto su alma como su cuerpo habían engordado; su genio ya sólo lograba atravesar por momentos ese caparazón de egoísmo que una larga costumbre de que se contase con él para todo le había creado. Sucumbió bajo el peso de la prosperidad antes de que lo derribase el infortunio.

Hay quienes sostienen que no quiso ceder las conquistas que había hecho la República, y que no pudo aceptar que Francia se debilitase bajo su reinado. Si esta consideración lo determinó a rechazar la paz que se le ofreció en Châtillon, en marzo de 1814[92], sería realmente la primera vez que la idea de un deber influyó en él; y su perseverancia en esa ocasión, por muy imprudente que haya sido, merecería nuestra estima. Pero más bien parece que confió demasiado en su talento, después de algunos éxitos en Champaña, y que se ocultó a sí mismo las dificultades que tenía que superar, tal como podría haberlo hecho uno de sus aduladores. Todos estaban tan acostumbrados a temerlo que nadie se atrevía a hablarle de las cosas que más le importaban. Si afirmaba que había veinte mil franceses en cierto lugar, nadie se animaba a demostrarle que sólo había diez mil; si sostenía que los aliados no eran más que una determinada cantidad, nadie se arriesgaba a probarle que esa cantidad era el doble. Su despotismo era tal que había reducido a los hombres a no ser más que ecos de sí mismo, y que, como

---

[92] El Congreso de Châtillon entre Francia y las potencias aliadas enemigas comenzó el 5 de febrero de 1814. Las condiciones de paz impuestas por los aliados exigían que Francia quedase reducida a sus fronteras de 1791 y que renunciase a ejercer cualquier papel en la futura reorganización de los países europeos. El 19 de marzo Napoleón propuso un contraproyecto: aceptaba el retorno a las fronteras antiguas, sumando Saboya, Niza y la isla de Elba, pero con la condición de que el trono del Reino de Italia fuese ocupado por su hijo adoptivo, el príncipe Eugène de Beauharnais. Este contraproyecto fue rechazado por los aliados, lo que significó el fin del Congreso.

su propia voz le volvía de todas partes, estaba solo en medio de la multitud que lo rodeaba.

Por último, no vio que el entusiasmo había pasado de la orilla izquierda del Rin a la orilla derecha; que ya no se trataba de gobiernos indecisos sino de pueblos irritados; y que de su lado, por el contrario, no había más que un ejército y ya no una nación; puesto que, en medio de esa gran disputa, Francia permaneció neutra: el país ni siquiera sospechó que se trataba de su propio destino cuando se trataba del destino de Bonaparte. El pueblo más guerrero vio, casi con indiferencia, el éxito de esos mismos extranjeros a los que tantas veces había combatido gloriosamente; y los habitantes de las ciudades y de los campos sólo ayudaron desganadamente a los soldados franceses, sin poder convencerse de que, tras veinticinco años de victorias, un acontecimiento inaudito, la entrada de los aliados en París, pudiera ocurrir. Llegó, sin embargo, esa terrible justicia del destino. Los coaligados fueron generosos; Alejandro, tal como veremos más adelante, se mostró siempre magnánimo. Fue el primero en entrar en la ciudad conquistada, como salvador todopoderoso, como filántropo ilustrado; pero, aun admirándolo mucho, ¿quién podía ser francés y no sentir un espantoso dolor?

Desde el momento en que los aliados atravesaron el Rin y entraron en Francia, me parece que los deseos de los amigos de Francia habrán cambiado del todo. Yo estaba entonces en Londres y uno de los ministros ingleses me preguntó qué anhelaba. Me atreví a responderle que mi deseo era que Bonaparte *alcanzase la victoria y encontrase la muerte*. Me parecía que los ingleses tenían bastante grandeza de alma como para no necesitar ocultar delante de ellos ese sentimiento francés: sin embargo, tuve que enterarme, en medio de las demostraciones de júbilo que colmaban la ciudad de los vencedores, de que París estaba en poder de los aliados. En ese momento me pareció que Francia ya no existía: creí que la profecía de

Burke se había cumplido[93], y que allí donde había existido ya no se vería más que un abismo. El emperador Alejandro, los aliados y los principios constitucionales adoptados por la sabiduría de Luis XVIII[94] disiparon ese triste presentimiento.

Bonaparte oyó entonces por todas partes la verdad que tanto tiempo había estado cautiva. Fue entonces cuando

---

[93] Edmund Burke (1729-1797), abogado y filósofo inglés, miembro *whig*, desde 1774, de la Cámara de los Comunes. Poco después de la toma de la Bastilla, escribió a un noble francés dos cartas que contenían sus reflexiones sobre la Revolución en curso; éstas fueron publicadas, unos meses más tarde, con el título de *Reflections on the Revolution in France*, libro que es la base de todo el pensamiento contrarrevolucionario posterior (Joseph de Maistre, Louis de Bonald, Juan Donoso Cortés, Carl Schmitt, etc.). Para Burke, la Revolución Francesa tiene que desembocar necesariamente en un desastre, porque está basada en nociones abstractas que no toman en cuenta la complejidad humana y pueden ser fácilmente utilizadas por quienes tienen el poder para justificar un nuevo tipo de tiranía; en su obra defiende la organización de la sociedad basada en la propiedad, la tradición y la necesaria adhesión del pueblo a valores sin justificación racional consciente (valores considerados "prejuicios" por el iluminismo). La obra incluye la famosa profecía de que, de en medio del caos que resultaría de la Revolución, surgiría un general lo suficientemente inteligente como para hacerse amar por el pueblo y el ejército e imponer su dominio absoluto sobre la Asamblea y el pueblo. Madame de Staël no parece referirse a esta célebre profecía sino a la opinión general de Burke de que la Revolución terminaría en un desastre mayúsculo para Francia.

[94] El 4 de junio de 1814, Luis XVIII le dio al pueblo francés una carta constitucional, la célebre *Charte*, que establecía un sistema legislativo bicameral (Cámara de Diputados y Cámara de los Pares de Francia), garantizaba los derechos individuales, suprimía el servicio militar obligatorio, restablecía la nobleza monárquica sin suprimir la nobleza imperial y establecía el sufragio censitario para los varones de al menos treinta años.

algunos cortesanos ingratos merecieron el desprecio de su amo por la especie humana. En efecto, si los amigos de la libertad respetan la opinión, desean la publicidad, buscan por todas partes el apoyo sincero y libre del anhelo nacional, es porque saben que la hez de las almas sólo se deja ver en los secretos y las intrigas del poder arbitrario.

Sin embargo, aún había grandeza en el adiós de Bonaparte a sus soldados y a sus águilas tanto tiempo victoriosas[95]: su última campaña había sido larga y hábil; y, por último, el prestigio funesto que ligaba a su persona la gloria militar de Francia aún no había sido destruido. Por eso el Congreso de París tiene que reprocharse haberle dado la posibilidad de volver[96]. Los representantes de Europa tienen que reconocer abiertamente ese error, y es injusto tratar de endilgárselo a la nación francesa. Seguramente fue sin ninguna mala intención que los ministros de los monarcas extranjeros dejaron que se cerniese sobre el trono de Luis XVIII un peligro que amenazaba igualmente a toda Europa. Pero ¿por qué los que dejaron suspendida esa espada no se acusan por el daño que hicieron?

Muchos se complacen en sostener que, si Bonaparte no hubiese intentado ni la expedición de España ni la de Rusia, todavía sería emperador; y esta opinión halaga a los partidarios del despotismo, que sostienen que un

---

[95] Referencia a los célebres *Adioses de Fontainebleau*: el 20 de abril de 1814, después de su primera abdicación y antes de partir para el exilio en la isla de Elba, Napoleón se dirigió a la guardia imperial en el gran patio de honor del castillo de Fontainebleau.

[96] El retorno de Napoleón desde la isla de Elba, que inauguró los Cien Días, se debió en gran parte al incumplimiento, por parte de los aliados, del Tratado de Fontainebleau, firmado el 11 de abril de 1814. Además, Napoleón se enteró de que en el Congreso de Viena, inaugurado el 18 de septiembre de 1814, los aliados se proponían exiliarlo en las islas Azores o en la isla Santa Elena.

gobierno tan perfecto no puede ser derribado por la naturaleza misma de las cosas sino únicamente por un accidente. Ya he dicho, cosa que quedará confirmada por la observación de Francia, que Bonaparte tenía necesidad de la guerra para establecer y conservar el poder absoluto. Una gran nación no habría soportado el peso monótono y degradante del despotismo, si la gloria militar no hubiese animado o levantado sin cesar el ánimo público. Los continuos ascensos en los distintos grados militares, en los que todas las clases de la nación podían participar, hacían que la conscripción les resultara menos penosa a los habitantes del campo. El interés continuo por las victorias suplantaba a todos los demás; la ambición era el principio activo del gobierno hasta en sus más pequeñas ramificaciones: títulos, dinero, poder, Bonaparte les daba todo a los franceses en lugar de la libertad. Pero, para poder otorgarles esos resarcimientos funestos, necesitaba devorar a Europa entera. Si Napoleón hubiera sido lo que podríamos llamar un tirano razonable, no habría podido luchar contra el espíritu activo de los franceses, que exigía una meta. Era un hombre condenado por su destino a las virtudes de Washington o las conquistas de Atila; pero era más fácil alcanzar los confines del mundo civilizado que detener el progreso de la razón humana, y pronto la opinión de Francia habría logrado lo que han realizado las armas de los aliados.

Ahora ya no será él únicamente quien ocupe la historia cuyo cuadro queremos esbozar, y nuestra desdichada Francia volverá a aparecer, después de quince años durante los cuales no se oyó hablar más que del emperador y su ejército. ¡Qué reveses tenemos que describir, qué males tenemos que temer! Una vez más tendremos que exigirle a Bonaparte que dé cuentas de Francia, ya que este país, demasiado confiado y demasiado guerrero, puso una vez más su destino entre sus manos[97].

---

[97] Referencia a los Cien días.

En las distintas observaciones sobre Bonaparte que acabo de reunir, no me he ocupado de su vida privada, que desconozco[98] y que no concierne a los intereses de Francia. No he mencionado ningún hecho dudoso de su historia, ya que las calumnias que se le han prodigado me parecen aún más viles que las adulaciones de las que fue objeto. Me jacto de haberlo juzgado como deben serlo todos los hombres públicos, según lo que hicieron por la prosperidad, la ilustración y la moral de las naciones. Las persecuciones a las que Bonaparte me sometió no han ejercido, puedo asegurarlo, ninguna influencia sobre mi opinión. Por el contrario, he tenido que resistir, más bien, la especie de sacudida que producen en la imaginación un genio extraordinario y un destino temible. Incluso me habría dejado seducir de buena gana por la satisfacción que sienten las almas altivas cuando defienden a un hombre desdichado, y por el placer de mostrar de tal modo un mayor contraste con esos escritores y esos oradores que, prosternados ayer delante de él, hoy no dejan de injuriarlo, asegurándose cuidadosamente, me imagino, de la altura de los peñascos que lo encierran. Pero no es posible callar sobre Bonaparte, incluso en el momento en que es desdichado, porque su doctrina reina todavía tanto en el espíritu de sus enemigos como en el de sus partidarios; ya que, de toda la herencia de su terrible poder, sólo le queda al género humano el conocimiento funesto de algunos secretos más en el arte de la tiranía.

---

[98] Éste es un detalle de suprema elegancia y un ejemplo para cualquier debate de ideas de parte de Madame de Staël, quien ignoraba muy poco de la vida privada de Napoleón; además, en 1814 había hecho un viaje al castillo de La Malmaison, donde vivía retirada la ex emperatriz Josefina, ya en esos momentos muy enferma, para conocer los detalles del primer matrimonio de Napoleón.

APÉNDICES

I

El primer encuentro con Bonaparte[99].

Cuando se dio a conocer por primera vez en las campañas de Italia[100], yo sentí por él el más vivo entusiasmo. Las instituciones republicanas perdían en Francia toda dignidad debido a los métodos que se habían empleado para sostenerlas; uno sentía casi remordimientos por las más nobles opiniones cuando se las encontraba claramente expresadas en los actos más crueles; la turbación se apoderaba de la mente y del alma cuando algunos hombres sanguinarios reclamaban la libertad y transformaban en víctimas a hombres estimables. Era imposible estar del todo con ningún partido, ni con el de los perseguidores ni con el de los perseguidos, y uno no sabía sobre quién ejercer la más bella facultad de los hombres, la admiración. La gloria militar inspira entusiasmo con mucha facilidad; las proclamas en Italia estaban hechas para inspirar confianza en Bonaparte. En ellas reinaba un

---

99 Este pasaje proviene del manuscrito de *Dix années d'exil* y fue eliminado por los primeros editores en 1821 —muy probablemente, porque deja transparentar demasiado el sentimiento inicial de admiración que sintió Madame de Staël por Napoleón. Fue publicado en la nueva edición de esa obra hecha en 1904 por Paul Gautier.

100 La llamada Primera Campaña de Italia —entre marzo de 1796 y abril de 1797—, en la que Napoleón Bonaparte dirigió el ejército francés contra los ejércitos del Imperio Austríaco y del rey de Cerdeña, y que terminó con el triunfo francés y la expulsión de los austríacos de Italia.

tono de nobleza y dignidad que contrastaba con la aspereza revolucionaria de los jefes civiles de Francia. El guerrero hablaba en ese entonces como un magistrado, mientras que los magistrados se expresaban con violencia militar. Bonaparte no había hecho aplicar las leyes bárbaras en contra de los emigrados. Se decía que amaba con pasión a su mujer[101], cuyo carácter rebosa de dulzura y bondad. Se aseguraba que tenía predilección por el *Ossian*[102], ese poema en el que el amor por la guerra se mezcla con un sentimiento de melancolía, que somete tanto al vencedor como al vencido a la misma tristeza del corazón.

Todas esas circunstancias me inspiraban por Bonaparte, antes de conocerlo, una admiración tal que la primera vez que lo vi, a su regreso de Italia, una emoción invencible casi me impidió hablarle y responderle. En ese entonces, Bonaparte carecía de poder; estaba amenazado, incluso, por la persecución; me parece que habría tenido que conservar un recuerdo agradable de un homenaje desinteresado, él, que estaba llamado a recibir tantos otros de una naturaleza tan diferente. Desde el primer momento me inspiró el sentimiento más vivo de temor que jamás me haya hecho sentir una criatura humana. Yo había visto hombres feroces y hombres respetables; en el efecto que él me produjo no había nada que se pareciese a

---

[101] Marie-Josèphe-Rose Tascher de La Pagerie (1763-1814), conocida como Joséphine de Beauharnais, por el apellido de su primer marido, Alexandre de Beauharnais, guillotinado en julio de 1794. Su amante Paul Barras, miembro del Directorio, le presentó a Napoleón en octubre de 1795; se casó con él en marzo de 1796. En 1809, Napoleón se divorció de Joséphine para poder contraer nuevas nupcias con María Luisa de Austria y asegurarle así un heredero al trono imperial.

[102] El célebre poeta celta ficticio inventado por James Macpherson (1736-1796) en *The Works of Ossian* (1765), antología de poemas presentados por su autor como una traducción del gaélico.

unos o a otros. Me daba cuenta de que no era ni malo ni
bueno, ni violento ni manso, pero que era un ser humano
sin nadie que se le pareciese, que valía más y menos que
un hombre porque nada lo conmovía, aunque se tomaba a
sí mismo como fin de todos sus actos, por lo que los
demás sólo influían en su existencia como hechos o ideas,
pero nunca como individuos.

II

Causas de la animosidad de Bonaparte contra mí[103].

No es para que el público se ocupe de mí que me he decidido a contar las circunstancias de mis diez años de exilio; las desdichas que padecí, por grande que sea la amargura con que las viví, son tan poca cosa en medio de los desastres públicos de los que somos testigos, que uno sentiría vergüenza de hablar de sí mismo si los acontecimientos que nos conciernen no estuvieran ligados a la gran causa de la humanidad amenazada. El emperador Napoleón, cuyo carácter se muestra por entero en cada detalle de su vida, me hostigó minuciosamente, con una actividad cada vez mayor, con una rudeza inflexible; y mis relaciones con él sirvieron para hacérmelo conocer, mucho antes de que Europa supiese la respuesta a ese enigma y cuando se dejaba devorar por la esfinge por no haber sabido penetrar sus intenciones.

No entraré a relatar los hechos que precedieron a la llegada de Bonaparte a la escena política de Europa: si cumplo con el propósito que tengo de escribir la vida de mi padre[104], diré lo que vi de los primeros días de la Revolución, cuya influencia ha cambiado el destino de todo el mundo. Ahora sólo quiero describir la parte que me concierne en ese vasto cuadro. Pero, al echar una mirada sobre el conjunto con este punto de vista tan limitado, me ilusiono con hacerme olvidar a menudo

---

[103] Capítulo I de *Dix années d'exil.*

[104] Se trata de *Considérations sur la Révolution française.*

104

mientras cuento mi propia historia.

El mayor reproche que me hacía el emperador Napoleón era el respeto que siempre he sentido por la libertad auténtica. Este sentimiento me ha sido transmitido como una herencia, y yo lo adopté en cuanto pude reflexionar sobre los elevados pensamientos de los que proviene y sobre las bellas acciones que inspira. Como las escenas crueles que han deshonrado a la Revolución Francesa no eran más que tiranía bajo formas populares, me parece que no pudieron perjudicar en nada el culto a la libertad. A lo sumo, uno podría perder la esperanza en lo que concierne a Francia; pero si este país tuviese la desdicha de no saber poseer el más noble de los bienes, no por eso habría que proscribirlo en esta tierra. Cuando el sol desaparece del horizonte de los países del norte, los habitantes de esas regiones no blasfeman contra sus rayos, que siguen brillando para otros países más favorecidos por el cielo.

Poco después del 18 de brumario, se le comunicó a Bonaparte que yo había hablado entre mis amigos en contra de la opresión que estaba surgiendo, y cuyo progreso presentía tan claramente como si el futuro me hubiese sido revelado. José Bonaparte[105], cuya conversación e inteligencia me gustaban, fue a verme y me dijo: "Mi hermano se queja de usted. '¿Por qué —volvió a decirme ayer—, por qué Madame de Staël no apoya mi gobierno? ¿Qué es lo que quiere? ¿El pago del depósito de su padre[106]? Ordenaré que se haga. ¿Establecerse en

---

[105] Joseph Bonaparte (1768-1844), el hermano mayor de Napoleón. Rey de Nápoles en 1806, y de España, como José I, entre 1808 y 1813. Ver también nota n° 39.

[106] En 1778, Necker le había prestado al Tesoro Público 2.400.000 libras. En 1790, la Asamblea Constituyente sólo le había devuelto 400.000 libras. Madame de Staël obtuvo la devolución de los 2.000.000 restantes durante la Restauración de Luis XVIII.

París? Se lo permitiré. En fin, ¿qué es lo que quiere?'". "Dios mío", le respondí, "no se trata de lo que quiero sino de lo que pienso". Ignoro si le comunicó a Napoleón esta respuesta, pero estoy bien segura, al menos, de que, si la supo, le pareció del todo carente de sentido, ya que no cree en la sinceridad de ninguna opinión; considera todo género de moral una fórmula sin más trascendencia que el final de una carta; y del mismo modo en que, después de asegurarle a alguien que uno es su más humilde servidor, esto no implica que el destinatario pueda exigir algo de nosotros, Bonaparte cree que cuando alguien dice que ama la libertad, que cree en Dios, que pone su conciencia por encima de su interés, es un hombre que se adapta a las costumbres, que sigue la manera admitida para explicar sus pretensiones ambiciosas o sus cálculos egoístas. El único tipo de seres humanos que él no entiende bien son los que adhieren sinceramente a una opinión, cualesquiera sean las consecuencias; Bonaparte considera a tales hombres bobos o comerciantes que exageran, es decir, que quieren venderse demasiado caro. Por tal razón, como se verá más adelante, en este mundo sólo se equivocó con las personas honestas, ya se tratase de individuos o, sobre todo, de naciones.

DEL *MEMORIAL DE SANTA ELENA*

I[107]

La novela *Delphine*, de Madame de Staël[108], ocupaba

---

[107] Fragmento del *Mémorial de Sainte-Hélène*, del jueves 18 al sábado 20 de enero de 1816. Napoleón, hombre amante de las letras, escritor de cuentos en su juventud, dejó, paradójicamente, un monumento de la literatura francesa gracias a las conversaciones que mantuvo entre 1815 y fines de 1816 con el conde Emmanuel de Las Cases durante su cautiverio en Santa Elena. Publicado en 1823, el *Mémorial de Sainte-Hélène* fue uno de los mayores éxitos literarios del siglo XIX.

[108] La primera novela de Madame de Staël, publicada en 1802. Delphine, la protagonista, se ocupa de arreglar un matrimonio entre dos parientes lejanos, Mathilde de Vernon et Léonce de Mondoville, en el París convulso de los tres primeros años de la Revolución Francesa, para terminar suicidándose por haberse enamorado de Léonce. Madame de Staël aprovecha la forma epistolar para la prédica de sus ideas progresistas: el liberalismo, la necesidad del divorcio, el deísmo y un ferviente anticatolicismo. En las páginas del *Mercure de France*, Joseph Fiévée, escritor y crítico muy cercano a Bonaparte, caracterizó así a Delphine: "Delphine es una exaltada [...]; es filósofa y deísta y, lo que es peor, tan charlatana que siempre es la primera en hablar. Para ella, hablar es la felicidad suprema, de modo que repite a menudo que es brillante, que ha sido brillante, que será brillante, lo que significa que habla bien, que ha hablado bien y que hablará bien [...]; desde que nuestras costumbres se han perfeccionado, parece bien que una mujer se establezca como oradora en un salón, y cuanto más carece de prudencia y descuida los deberes de su sexo, con más ganas se

en ese momento nuestras veladas. El Emperador la analizaba: pocas cosas hallaban gracia a sus ojos. El desorden mental e imaginativo que reina en ella era el blanco de su crítica: seguían siendo, decía, los mismos defectos que en otros tiempos lo habían alejado de la autora, a pesar de las insinuaciones más abiertas y las zalamerías más insistentes de ésta.

En cuanto la victoria hubo consagrado al joven general del ejército de Italia[109], Madame de Staël, sin conocerlo, y únicamente por su simpatía por la gloria, concibió por él sentimientos de entusiasmo dignos de su *Corinne*[110]; le escribía largas y numerosas epístolas llenas de ingenio, de fuego, de metafísica: era un error de las instituciones humanas, le decía ella, haberle dado por mujer a la dulce y tranquila Madame Bonaparte[111]; era un alma de fuego como la suya (la de Madame de Staël) la que la naturaleza había sin duda destinado para el alma de un héroe como él, etc.

Remito al lector a las *Campañas de Italia* para hacerle ver que el ardor de Madame de Staël no se apagó por el hecho de no haber sido correspondido. Como tenía habilidad para no desanimarse, más tarde logró llegar a conocerlo personalmente, incluso a ser admitida en su casa; y se valía de este privilegio, decía el Emperador, hasta el extremo de hacerse importuna. Es muy cierto, tal como se dijo en la alta sociedad, que el general quiso hacerle sentir lo importuna que era disculpándose, un día, por estar apenas vestido; a lo que ella respondió, con convicción y vehemencia, que aquello poco importaba, que el genio no tenía sexo.

Madame de Staël nos condujo naturalmente a su

---

la aplaude".

[109] Ver nota n° 100.

[110] La protagonista de la segunda novela de Madame de Staël, *Corinne ou l'Italie*, publicada en 1807.

[111] Ver nota n° 101.

padre, Monsieur Necker. El Emperador contaba que, camino a Marengo[112], recibió su visita en Ginebra; que allí Necker mostró con insistencia su deseo de entrar en el ministerio, deseo que, por otra parte, Monsieur de Calonne[113], su rival, fue a manifestarle más tarde, en París, con inconcebible ligereza. Monsieur Necker escribió después una obra peligrosa para la política de Francia, la que, según trataba de demostrar, ya no podía ser ni monarquía ni república; en las páginas de ese libro llamaba al Primer Cónsul el *hombre necesario*[114].

El Primer Cónsul proscribió la obra, que, en ese momento, podía resultarle muy perjudicial, y le encargó su refutación al cónsul Lebrun[115], quien, según decía el Emperador, con su bella prosa hizo plena y pronta justicia. El círculo de los Necker quedó resentido, Madame de Staël se puso a intrigar y recibió orden de salir de Francia; desde ese momento, siguió siendo siempre una ardiente y muy activa enemiga. Sin embargo, al retorno de la isla de Elba[116], Madame de Staël le escribió o le hizo decir al Emperador, para expresarle a su modo todo el entusiasmo que acababa de producirle ese maravilloso acontecimiento, que se daba por vencida, que ese último

---

[112] Ver nota n° 23.

[113] Charles-Alexandre de Calonne (1734-1802), ministro y controlador general de finanzas de Luis XVI entre 1783 y 1787.

[114] Se trata de *Dernières vues de politique et de finances, offertes à la nation française*, obra publicada en 1802; allí se lee: "Hay que analizar [...] lo que es posible hacer bajo la protección del hombre necesario, y todos le damos ese nombre a Bonaparte".

[115] Charles-François Lebrun, duque de Plaisance (1739-1824), traductor de la *Ilíada*, la *Odisea* y la *Jerusalén liberada*. Bajo el Consulado fue uno de los tres cónsules, junto a Napoléon y Jean-Jacques-Régis de Cambacérès, y, bajo el Primer Imperio, príncipe architesorero.

[116] Ver nota n° 38.

acto no era sólo el de un hombre, que el mismo, a partir de ese momento, ponía a su autor en el cielo. Luego, resumiendo, terminaba insinuando que, si el Emperador se dignaba dejar que se pagasen los dos millones que el Rey[117] ya había dispuesto en su favor, ella le dedicaría para siempre su pluma y sus principios. El Emperador mandó que le respondieran que nada lo halagaría más que su apoyo, ya que apreciaba todo su talento, pero que, ciertamente, no era lo bastante rico para pagar tan alto precio.

II[118]

El Emperador me hizo quedar a comer con él en la tienda; luego mandó que trajesen *Corinne*, de Madame de Staël, de la que leyó algunos capítulos. Decía que no lo podía terminar. Madame de Staël se había retratado tan bien en su heroína, que había logrado hacerle concebir por ella la mayor antipatía. "La veo", decía, "la oigo, la siento, quiero huir de ella y tiro el libro. Había conservado de esta obra un recuerdo que era mejor que lo que hoy siento. Quizás sea porque, en su momento, lo leí con el pulgar, como dice tan ingeniosamente el abate de Pradt[119], y no sin algo de verdad. Sea como sea, voy a insistir, quiero llegar al final; me parece, pese a todo, que

---

[117] Luis XVIII, durante la Primera Restauración, entre fines de abril de 1814 y mediados de marzo de 1815.

[118] Fragmento del *Mémorial de Sainte-Hélène*, martes 13 de agosto de 1816.

[119] El abate Dominique Dufour de Pradt (1759-1837). Diputado por el clero a los Estados Generales de 1789, se opuso a la Revolución y se exilió hasta la llegada de Napoleón, del que fue nombrado capellán en 1802. Durante el Imperio fue consagrado arzobispo de Malines y nombrado embajador en Varsovia. Luego de la caída de Napoleón, se unió a la Restauración y sus ideas tomaron un sesgo liberal.

no carecía de interés. Por otra parte, no puedo perdonarle a Madame de Staël que haya rebajado a los franceses en su novela. ¡Qué singular familia la de Madame de Staël! Su padre, su madre y ella, los tres de rodillas, en constante adoración unos de otros, ahumándose con un incienso recíproco para mayor edificación y mistificación del público. Madame de Staël, sin embargo, puede jactarse de haber superado a sus nobles padres cuando se atrevió a escribir que los sentimientos que abrigaba por su padre eran tales que se sorprendió a sí misma sintiendo celos de su madre".

"Madame de Staël era ardiente en sus pasiones", continuaba diciendo; "era furiosa, desmedida en sus expresiones. Esto es lo que leía la policía cuando la vigilaba: 'Estoy lejos de ti', le escribía aparentemente a su marido. 'Ven de inmediato, lo ordeno, lo exijo, estoy de rodillas... ¡Te lo imploro!... Tengo en mi mano un puñal... Si dudas, me mato, me doy muerte, y tú serás el culpable de mi destrucción'.

"Era Corinne, la mismísima Corinne".

En su momento, decía el emperador, había puesto todo su empeño, empleado todos sus recursos en conquistar al general del ejército de Italia; le había escrito desde lejos sin conocerlo; cuando lo tuvo cerca, lo hostigó. Según ella, era una monstruosidad la unión del genio con una pequeña e insignificante criolla[120], indigna de apreciarlo o de comprenderlo, etc. El general, desgraciadamente, sólo respondió con una indiferencia que las mujeres nunca perdonan y que, en efecto (como añadía, riendo, el Emperador), es algo casi imperdonable.

A llegar a París fue perseguido con la misma insistencia, continuaba diciendo; pero, por su parte, persistió en la misma reserva y el mismo silencio. Madame de Staël, sin embargo, decidida a arrancarle algunas palabras y a luchar con el vencedor de Italia, lo abordó en la gran

---

[120] Joséphine de Beauharnais había nacido en la Martinica.

fiesta que Monsieur de Talleyrand, ministro de Relaciones Exteriores, daba para el general victorioso. Le dirigió la palabra en medio de un grupo nutrido y le preguntó quién era, para él, la primera mujer del mundo, muerta o viva. "La que ha tenido más hijos", respondió Napoleón con toda simplicidad. Madame de Staël, al principio un poco desconcertada, trató de reponerse señalándole que él tenía fama de amar poco a las mujeres. "Discúlpeme, señora", repuso Napoleón, "amo mucho a la mía".

El general del ejército de Italia habría podido, sin duda, llevar al colmo el entusiasmo de la Corinne ginebrina, decía el Emperador; pero temía sus infidelidades políticas y su afán de celebridad; quizás se equivocó; de todas formas, la heroína lo había perseguido demasiado y se había sentido demasiado rechazada para no volverse una ardiente enemiga. "Al principio", observaba el Emperador, "incitó a Benjamin Constant, que no inició su carrera con plena lealtad: cuando se formó el Tribunado hizo las más vivas solicitaciones al Primer Cónsul para que lo nombrara miembro[121]. A las once de la noche seguía suplicando con insistencia; a la medianoche, una vez concedido el favor, ya se había erguido hasta el insulto. La primera reunión de los tribunos fue para él una soberbia ocasión para lanzar sus invectivas. Por la noche, grandes festejos en casa de Madame de Staël. Ésta coronó a su Benjamin en medio de una reunión brillante y lo proclamó un segundo Mirabeau[122]. A esta farsa, que sólo era

---

[121] Sobre el Tribunado, ver nota nº 7. Benjamin Constant fue miembro del Tribunado entre diciembre de 1799 y enero de 1802, período durante el cual, inspirado por Madame de Staël, se opuso a las tendencias monárquicas de Napoleón y participó en la redacción definitiva del Código Civil.

[122] Honoré-Gabriel Riquetti, conde de Mirabeau (1749-1791), notable orador y político de tendencias moderadas que jugó un papel esencial durante la Revolución Francesa. Fue autor de ensayos, cuentos eróticos y una colección de cartas escritas en prisión y publicadas póstumamente, *Lettres à Sophie*, que le

ridícula, le siguieron planes más peligrosos. En el momento del Concordato[123], contra el que Madame de Staël estaba enfurecida, ésta reunió de repente en mi contra a los aristócratas y a los republicanos. 'Sólo les queda a ustedes un momento', les gritaba; 'mañana el tirano tendrá cuarenta mil sacerdotes a su servicio'".

Madame de Staël, después de fatigar toda paciencia (decía Napoleón), fue enviada al exilio. Su padre ya se había vuelto muy desagradable en ocasión de la batalla de Marengo. "Quise verlo de paso", decía el Emperador, "y lo único que encontré fue un pesado director de colegio, muy pagado de sí mismo. Poco tiempo después, y seguramente con la esperanza de valerse de mí para volver a aparecer en escena, publicó un folleto en el que probaba que Francia ya no podía ser ni república ni monarquía. No se ve muy bien", decía el Emperador, "qué le quedaba". En esa obra llamaba al Primer Cónsul *el hombre necesario*, etc., etc. Lebrun le respondió con una carta de cuatro páginas, con su bello estilo y de manera muy mordaz; en ella le preguntaba si ya no le había hecho bastante mal a Francia y si no estaba un poco cansado, después de los malos momentos que había pasado en la Constituyente[124], para pretender volver a gobernarla.

Madame de Staël, en su desgracia, combatía con una mano y pedía con la otra. El Primer Cónsul le mandó decir que le dejaba el universo entero para que lo explotara, que le abandonaba el resto de la tierra y sólo se reservaba para él París, ciudad a la cual le prohibía acercarse. Pero era precisamente París el objeto de todos

---

dieron una gran celebridad literaria.

[123] El Concordato del 15 de julio de 1801, firmado entre el gobierno francés y la Santa Sede, por el cual se restauró el culto católico y se eliminaron los últimos resabios de las políticas anticlericales de descristianización heredadas de la Revolución Francesa.

[124] Ver nota n° 3.

los deseos de Madame de Staël. No importa, el Cónsul se mantuvo siempre inflexible. Sin embargo, Madame de Staël renovaba cada tanto sus intentos. Bajo el Imperio quiso ser dama de palacio; era algo, sin duda, que tenía sus pros y sus contras; pero ¡cómo hacer para mantener a Madame de Staël tranquila en un palacio!

ORIENTACIÓN BIBLIOGRÁFICA

STAËL, Germaine de, *Considérations sur les principaux événements de la Révolution française*, ouvrage posthume publié en 1818 par M. le duc de Broglie et M. le baron de Staël, Charpentier, libraire éditeur, Paris, 1862.

GAUTIER, Paul, *Madame de Staël et Napoléon*, Plon-Nourrit, Paris, 1903.

GUILLEMIN, Henri, *Madame de Staël et Napoléon*, Éditions du Panorama, 1966.

DIESBACH, Ghislain de, *Madame de Staël*, Perrin, Paris, 1983.

DIXON, Sergine, *Germaine de Staël, daughter of the enlightenment: the writer and her turbulent era*, Prometheus books, Amherts, 2007.

WINOCK, Michel, *Madame de Staël*, Fayard, Paris, 2010.

CRONOLOGÍA

1766. *22 de abril*: Anne-Louise-Germaine Necker nace en París. Su padre, Jacques Necker, nacido en Ginebra, protestante, es uno de los principales banqueros de París, con grandes ambiciones políticas; su madre, Suzanne Curchod, es hija de un pastor calvinista del cantón suizo de Vaud. Suzanne Curchod es una mujer culta, con grandes dotes literarias, que dirige en su residencia el que será el último de los salones literarios del Antiguo Régimen, frecuentado, entre otros, por Madame du Deffand, Buffon, La Harpe, Bernardin de Saint-Pierre y Friedrich Melchior Grimm. La futura Madame de Staël recibe, gracias a su madre, una educación muy cuidada: inglés, latín, música, danza, dicción francesa, muy superior a la que se impartía por lo general a las jóvenes de la nobleza.

1773. Jacques Necker publica su ensayo *Éloge de Colbert*, en el que hace el elogio del intervencionismo económico del estado y rechaza el liberalismo económico de Turgot. La obra es premiada por la Academia Francesa.

1775. Un segundo ensayo de Jacques Necker, *Essai sur la législation et le commerce de grains*, en el que se opone a la libertad del comercio de granos, alcanza un gran éxito de ventas y consolida sus ambiciones políticas.

1776. *22 de octubre*: Luis XVI nombra a Jacques Necker, a pesar de no ser católico ni francés, Controlador General de Finanzas, el equivalente de los actuales ministros de economía. Realizará importantes reformas antes de verse obligado a renunciar en mayo de 1781.

1778. Suzanne Curchod funda el *Hospice de charité des paroisses de Saint-Sulpice et du Gros Caillou*, que aún hoy existe con el nombre de *Hôpital Necker-Enfants malades*.

1786. *6 de enero*: Germaine Necker se casa con el barón Erik Magnus de Staël-Holstein, embajador de Suecia en París, en la capilla luterana de la embajada. Este matrimonio la hace ingresar con pleno derecho en la más selecta sociedad aristocrática de París. En su residencia, la nueva baronesa de Staël-Holstein abre un salón literario similar al de su madre: de marcado tinte liberal en política, allí se reúnen los representantes de la nueva generación que ha participado en la guerra de liberación de los Estados Unidos de América, como el marqués de La Fayette, y otras figuras, como el filósofo Condorcet y Mathieu de Montmorency, quien será siempre uno de sus más fieles amigos. Comienza a escribir retratos de sus amigos y tragedias en verso.

1787. Nace su primera hija, Gustavine de Staël (fallecida en 1789).

1788. *25 de agosto*: Luis XVI vuelve a llamar al gobierno a Jacques Necker, a quien nombra Ministro de Estado; este último decide adelantar la fecha de la reunión de los Estados Generales para mayo de 1789. Un amigo de la familia Staël-Holstein hace imprimir, sin decírselo a Germaine de Staël, seis cartas de la baronesa con el título *Lettres sur les ouvrages et le caractère de J.-J. Rousseau*. Es el comienzo de la celebridad literaria de Madame de Staël

1789. *11 de mayo*: En vísperas de la Revolución, cena con Robespierre en compañía de su padre.

1790. Publica su obra dramática *Sophie ou les Sentiments secrets. 3 de septiembre*: Su padre, Jacques Necker, renuncia a su ministerio y se retira a su castillo de Coppet, en Suiza. Nace su hijo Auguste de Staël (fallecido en 1827), posible fruto de sus amores con el general revolucionario Louis-Marie de Narbonne-Lara.

1791. Publica su tragedia política *Jane Gray*.

1792. *2 de septiembre*: En medio de las *Masacres de Septiembre*, huye de París y viaja por Inglaterra antes de establecerse en Coppet. Nace su hijo Albert de Staël (fallecido en 1813), cuyo padre sería también el general Louis-Marie de Narbonne-Lara.

1793. Publica una defensa de María Antonieta, *Réflexions sur le procès de la Reine.*

1794. *6 de mayo*: Muerte de su madre, Suzanne Curchod. Publica el relato *Zulma.*

1795. Publica tres relatos, seguidos de un *Essai sur les fictions.* Goethe aprecia tanto este libro que lo traducirá en 1796. *Mayo*: Vuelve a París en compañía de Benjamin Constant, a quien conoció en 1794 y con quien la une una intensa y tormentosa pasión, a un tiempo intelectual y amorosa, que durará hasta 1810. *Junio*: Abre un salón literario, frecuentado por liberales, republicanos moderados y monárquicos constitucionales.

1796. Publica el ensayo *De l'influence des passions sur le bonheur des individus et des nations*, obra en la que ha trabajado desde 1792. En este libro expresa sus convicciones republicanas y su idea de que la felicidad de los pueblos depende del grado de libertad política del que gozan.

1797. Primer encuentro con Napoleón Bonaparte. Madame de Staël queda fascinada con el joven general, pero la fascinación no es mutua. Bonaparte la considera de inmediato una intrigante temible que se inmiscuye en política. Nace su hija Albertine de Staël (posible fruto de sus amores con Benjamin Constant), que en 1816 contraerá matrimonio con el duque Victor de Broglie; de esta unión provienen los actuales descendientes de Madame de Staël.

1798. A fines de este año comienza a escribir un ensayo político, *Des circonstances actuelles qui peuvent terminer la Révolution et des principes qui doivent fonder la République en France*, en el que aboga por un régimen republicano liberal, sin terror ni persecuciones; renunciará a publicar esta obra, posiblemente, debido al golpe de Estado dado por Napoléon Bonaparte el 18 de brumario del año VIII (9 de noviembre de 1799); la misma permanecerá inédita hasta fines del siglo XIX.

1800. *Abril*: Publica el ensayo *De la littérature considérée dans ses rapports avec les institutions sociales*, considerado más tarde como el inicio del romanticismo en Francia. *Diciembre*: Chateaubriand publica en el *Mercure de France* un artículo laudatorio sobre *De la littérature*, que consagra a Madame de Staël como una de las primeras escritoras de su época. Se separa de su marido y vuelve a vivir a su residencia suiza de Coppet.

1802. Publica la primera de sus grandes novelas, *Delphine*. Muerte de su marido, el barón de Staël-Holstein.

1803. *Septiembre*: Deja Coppet y regresa a Francia para establecerse en el pueblo de Maffliers, en una casa que le presta su administrador parisino. Desde allí le escribe a Bonaparte para solicitarle el permiso de pasar dos meses en el campo, a diez leguas de París. *Octubre*: Es expulsada de Francia, como extranjera, por orden de Bonaparte. Viaja a Alemania. En Weimar conoce a Goethe y a Schiller.

1804. *9 de abril*: Muerte de su padre, Jacques Necker. Hace un largo viaje por Italia, que le inspira la que será su segunda novela.

1807. Publica su segunda gran novela, *Corinne ou l'Italie*. Vuelve a viajar por Alemania y Austria.

1810. Napoleón ordena la destrucción de las pruebas de galera de *De l'Allemagne*, que sólo se publicará en Francia en 1814.

1811. Se compromete a casarse con un joven militar de origen suizo, Albert de Rocca, que había quedado paralítico en 1810, a los veintiún años, después de una emboscada en Ronda.

1812. Huye de Coppet y viaja por Rusia y Suecia, con la idea de influir para que Bernadotte, ex mariscal de Napoleón y en ese momento príncipe heredero de Suecia, sea el sucesor de Bonaparte en el trono imperial de Francia. *7 de abril*: Da a luz en secreto a su hijo Louis-Alphonse de Rocca (fallecido en 1838).

1813. En Londres se encuentra con el futuro Luis XVIII y publica su ensayo *De l'Allemagne*.

1814. Regresa a París tras la caída de Bonaparte y vuelve a abrir su salón. Publica en París su ensayo *De l'Allemagne*.

1816. *10 de octubre*: En Coppet, se casa en secreto con Albert de Rocca. Junto con su segundo marido, regresa a París tras la segunda Restauración.

1817. *14 de julio*: Madame de Staël muere en París.

1818. *30 de enero*: Albert de Rocca muere de tuberculosis en Hyères.

1820-1821. Su hijo Auguste de Staël y su yerno, el duque de Broglie, publican en París, en quince volúmenes, las *Œuvres complètes* de Madame de Staël.

OTROS TÍTULOS